직업 그리고
병 이야기

직업 그리고 병 이야기

초판 1쇄 발행 2024년 5월 10일

지은이 박선욱
펴낸이 장길수
펴낸곳 지식과감성#
출판등록 제2012-000081호

교정 주경민
디자인 오정은, 강샛별
편집 강샛별
검수 한장희, 이현
마케팅 김윤길, 정은혜

주소 서울시 금천구 벚꽃로298 대륭포스트타워6차 1212호
전화 070-4651-3730~4
팩스 070-4325-7006
이메일 ksbookup@naver.com
홈페이지 www.knsbookup.com

ISBN 979-11-392-1807-7(03300)
값 17,000원

• 이 책의 판권은 지은이에게 있습니다.
• 이 책 내용의 전부 또는 일부를 재사용하려면 반드시 지은이의 서면 동의를 받아야 합니다.
• 잘못된 책은 구입하신 곳에서 바꾸어 드립니다.

지식과감성#
홈페이지 바로가기

당신이 모르는 사이
일하면서 얻은 질병

직업 그리고 병 이야기

박선욱 지음
김정원 감수

심근경색

폐암

난소암

간염

파킨슨병

스트레스

난청

피부염

고령 택시 운전기사의 심근경색, 주임 간호사의 과로사,
에어컨 부품 세척 작업자의 독성 간염, 급식실 조리사의 폐암…

20가지 사례로 알아보는 직업병 이야기

지식과감정#

목차

서문 _10

Ⅰ. 직업성 뇌심혈관계 질환

1. 고령 택시 운전기사의 심근경색 _14
- 뇌심혈관계 질환
- 뇌심혈관계 질환 발병위험도 평가
- 근로자건강진단(일반건강진단, 특수건강진단)

2. 주임 간호사의 과로사 _21
- 과로사(업무상 뇌심혈관계 질환)
- 과로사 인정 기준
- 야간작업 특수건진 및 심층 건강진단

Ⅱ. 직업성 근골격계 질환

3. 크레인 운전기사의 목 디스크 _32
- 직업병 정의
- 근골격계 부담작업
- 근골격계 질병 추정의 원칙

4. 조선소 용접공의 무릎 반월상 연골 파열 _46

- 산재 신청 방법: 요양급여 신청서 작성 요령
- 산재 보상: 요양급여, 휴업급여, 장해급여 등
- 업무관련성평가

참고) 대퇴골두 무혈성괴사

Ⅲ. 직업성 중독 질환

---

5. 에어컨 부품 세척 작업자의 독성 간염 _64

- 중대재해 처벌법
- 관리대상 유해물질 및 특별 관리 물질
- 물질안전보건자료(MSDS) 및 작업환경측정
- 특수건강진단, 보건관리대행, 산업보건의

6. 주물 공장 근로자의 납 중독 _75

- 산업위생기사
- 근로자 건강센터
- 건강 디딤돌 사업
- 생물학적 노출지표(BEI) 및 유해인자 노출 허용기준

7. 고깃집 식당 직원의 일산화탄소 중독 _93

- 고압 산소 치료(HBOT)

Ⅳ. 직업성 암

8. 정유 공장 실험원의 백혈병 _102
 - 사회 보장: 사회 보험, 공공 부조, 사회 서비스
 - 산업재해보상보험법
 - 벤젠
 - 직업병 역학조사

9. 과거 석면 섬유 공장 근로자의 난소암 _116
 - 석면안전관리법
 - 석면피해구제법

10. 급식실 조리사의 폐암 _123
 - 조리 흄(cooking hume)
 - 국가 암 건진 사업
 - 폐암 검진: LDCT, Lung-RADS

11. 베트남 전쟁 참전 군인의 전립선암 _132
 - 고엽제
 - 고엽제 후유증과 보상

V. 직업성 정신질환

12. 철도 기관사의 외상 후 스트레스 장애   _140
- 스트레스: 스트레스 요인, 스트레스 반응
- 직무 스트레스
- 한국인 직무 스트레스 측정 도구(KOSS)
- 근로자 지원 프로그램(EAP)

13. 뮤지컬 배우의 우울증   _149
- 우울증 진단(DSM-5) 및 예방
- 직업성 정신 질환

14. 신입 간호사의 자살   _155
- 감정노동
- 직장 내 괴롭힘: 태움

VI. 기타 직업병

15. 니켈 도금 근로자의 접촉성 피부염   _166
- 직업성 피부 질환: 마티어스 기준(Mathias criteria)
- 직업병안심센터

16. 프레스 작업자의 소음성 난청 _177
- 소음, 소음작업
- 소음성 난청
- 1차 예방, 2차 예방, 3차 예방

17. 플라스틱 사출 작업자의 천식 _186
- 직업성 천식
- 천식 유발물질

18. 초등학교 교사의 성대결절 _192
- 공무상 재해

19. 비닐하우스 농부의 파킨슨병 _200
- 농약
- 파킨슨병 및 파킨슨증후군

20. 나이롱환자의 산재 보험금 부정 수급 _208
- 산재 보험 부정 수급 신고

참고 문헌 _211
맺음말 _222

1:29:300

- H. W. Heinrich

서문

직업환경의학은 직업과 환경에 의해 생길 수 있는 질환을 진단하고 예방하는 임상의학이다.[1] 대한민국은 유래를 찾아볼 수 없을 정도로 급격하게 산업화를 이룬 나라이다. 그 와중 여러 산업재해(산재)가 있었다. 대표적으로 1988년 온도계 제조 사업장에서 일하던 당시 17세의 문송면 군이 수은 중독으로 사망한 사건이 있었고, 합성섬유 제조 사업장인 원진레이온에서 발생한 이황화탄소(carbon disulfide, CS_2) 중독으로 수많은 사람이 산재를 당했다. 우리나라는 산재 예방 및 산업보건 전문가 양성에 대한 사회적 요구에 부응해 1996년 '산업의학과'라는 이름으로 직업병 전문 의사를 양성하기 시작하였다. 2011년에는 그 이름을 **'직업환경의학과 (Occupational and Environmental Medicine, OEM)'**로 변경하였고 현재는 직업환경의학과에서 직업병과 더불어 환경성 질환 예방 및 보상에 관한 업무를 수행하고 있다. 그러나 아직까지도 직업환경의학과는 일반 사람들뿐만 아니라 의사들에게도 생소한 분야이다. 산재와 직업병 발생도 멈추지 않고 지속되고 있는 현재 진행형이지만 대부분의 사람들에게 여전히 관심 밖 이야기이다. 그럼에

---

1) 대한직업환경의학회 홈페이지(https://ksoem.or.kr/).

도 산업보건 분야에서 열심히 노력하고 있는 사람들이 있고 더욱 빨라진 산업화 속도를 조절하면서 함께 성장하고 있다.

질병은 복합적인 원인에 의해 발생한다. 그리고 질병 발생에 직업환경적 원인이 전혀 없는 경우는 드물다. 그렇다고 모든 질병이 직업병이라고도 말할 수 없다. 따라서 어떤 질병이 직업병(산재)인지를 결정하는 일은 의학적이기도 하지만 다분히 사회적(법적)이기도 하다. 따라서 직업병 사례 및 산재와 관련된 의학적, 법적 지식이 있으면 직업병 예방 및 보상에 도움이 될 수 있다. 이 책은 직업환경의학 및 산재 관련 법 교재, 논문, 보고서, 지침, 책, 교육 자료, 보도자료, 신문 기사, 관련 기관 홈페이지 정보 등 다양한 자료를 검토하고 정리하고 저자의 경험을 바탕으로 재해석한 내용이다. 특히 대한직업환경의학회 학회지(Annals of Occupational and Environmental Medicine, AOEM)에 수록된 논문과 산업안전보건공단의 연구 보고서 및 KOSHA GUIDE를 주로 참고하였다. **이 책의 20가지 사례에 등장하는 모든 인물들은 실제 사례를 바탕으로 가공(가명)된 것이며 일반인도 이해할 수 있도록 내용도 각색하였다.** 보다 전문적인 지식은 저자의 개인 블로그 **"아넬카의 지식창고 (blog.naver.com/toughsun84)"** 에 공유하고 있으니 산업보건 분야에 종사하면서 관련 지식이 필요한 분들이 참고하면 큰 도움이 될 거라고 생각한다.

직업환경의학과를 선택해 공부하기 시작한 지 어느덧 10년 가까운 시간이 지나고 있다. 환자를 치료하는 일은 힘들지만 보람 있는 일이다. 반면 아직 생기지도 않은 직업병을 예방하는 일은 열심히 해도 눈에 잘 띄지 않고 지루하게 느껴질 수 있다. 그러나 자신의 일에 의미를 부여하고 노력하는 사람에게 행복이 따르기 마련이다.

올해로 직업환경의학과 전문의가 된 지 4년 차, 산업보건지도사가 된 지 2년 차가 되었다. 2023년 한국방송통신대학교 법학과를 졸업했고 현재 경영학과로 편입해 4학년 과정에 있다. 딱 그만큼의 경험과 시야로 쓴 글이다. 작은 노력이지만 우리나라 산업보건 발전과 직업병 예방에 조금이라도 보탬이 되길 기도하는 마음으로 공부하고 있고 이 책을 읽는 이들에게 그것을 공유하고 싶다.

2024년 4월 5일

저자 박선욱

I.
직업성 뇌심혈관계 질환

1. 고령 택시 운전기사의 심근경색

추운 겨울 어느 날 택시 운전기사 68세 남성 김경석 씨는 손님을 태우고 운행을 하던 중 갑자기 식은땀을 흘리며 심한 가슴 통증을 느꼈고 결국 의식을 잃고 말았다. 급성 심근경색이었다. 택시의 가속 페달이 밝힌 상태였고 긴급한 상황이었다. 옆자리에 타고 있던 승객이 급하게 핸들을 잡았고 그 택시는 주변 차량을 들이받고서야 멈췄다. 경석 씨는 주변에 있던 목격자들의 신고로 119의 도움으로 병원으로 옮겨졌으나 몇 시간 뒤 세상을 떠나고 말았다. 그 불행한 택시를 타고 있던 손님은 사고 후 다른 택시로 옮겨 타고 서둘러 그냥 그 자리를 떠나 버렸다. 손님에게 택시 운전기사의 생명을 구해야 할 법적 책임은 없었고 사고는 일단락되었다.

경수 씨에게 생긴 심근경색은 **뇌심혈관계 질환**[2] 중 하나이다. 뇌심혈관계 질환이란 뇌졸중(뇌경색, 뇌출혈)과 심근경색(협심증)같이 생명과 직접적으로 관련이 있는 뇌와 심장에 있는 혈관에 문제가 생기는 질환이다. 나이가 들어 노인이 될수록 시각적, 육체적, 인지적

---

2) 질병(disease)은 생물학적 관점에서 생체 내 구조적, 기능적 변화를 의학적으로 정의한 상태이며, 질환(illness)은 환자의 개인적 질병 경험을 의미하는 것으로 사회 심리적 차원을 포함한 개념이다(출처: 예방의학과 공중보건학 수정판, 대한예방의학회, 2011, p.7).

능력은 점점 감소하고 뇌심혈관계 질환이 생길 가능성은 점점 증가한다. 대한재활의학회지에 발표된 노인 자동차 운전자들에 관한 연구[3]에 의하면 65세 이상의 고령 운전자는 젊은 운전자에 비해 고혈압, 당뇨, 눈 질환, 심혈관 질환, 호흡기 질환, 관절염 등 운전에 영향을 미칠 수 있는 질환을 더 많이 앓고 있다. 또한 노인은 평소 안전 운전에 위험을 줄 수 있는 항발작제, 항구토제, 항히스타민제, 항정신병제, 항불안제, 녹내장 치료제, 파킨슨병 치료제, 근이완제, 아편 유사제, 수면제, 항우울제 등 여러 약을 복용하고 있는 경우가 더 많다.

국제 연합(United Nation, UN) 기준에 의해 65세 이상 노인이 전체 인구에서 7% 이상인 경우 고령화 사회, 14% 이상인 경우 고령 사회, 20% 이상인 경우 초고령 사회로 분류한다. 우리나라는 2017년 고령화 사회에 진입했고 고령 운전자에 의한 교통사고 사망자 수도 급격히 증가하고 있다. 2021년 교통사고로 인한 전체 사망자 2,916명 중 709명(24.3%)이 65세 이상의 고령 운전자에 의한 사고이다. 이것은 음주운전으로 인한 사망자 206명(7.1%)보다 3배가 넘는 수치이다.[4]

---

3) 노인 자동차 운전자들의 운전 실태, 운전 습관 및 안전성, 박시운 외, 대한재활의학회지, 2010.
4) "교통사고 사망 4명 중 1명, 고령 운전 사고", 손준영 기자, 동아일보, 2023년 3월 11일.

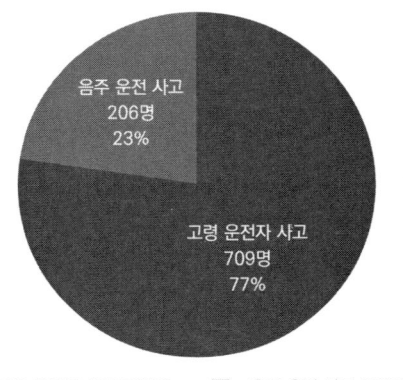

〈2021년 교통사고 사망자 통계〉

 우리나라는 정책적으로 고령 운전자의 운전면허 자진 반납을 유도하고 있다. 그렇다고 노인이라는 이유만으로 운전을 제한하는 것만이 능사는 아니라고 생각한다. 고령 운전자는 주로 출퇴근이 아닌 일상생활을 위한 운전을 하고 있고 위험 운전을 회피하려고 노력한다. 그리고 노인의 운전은 이동 수단으로의 편리성뿐만 아니라 노인 자신에게 독립성과 자부심을 갖게 하는 긍정적인 역할도 한다.

 하지만 경수 씨와 같이 운전이 직업인 경우는 전혀 다른 이야기이다. 운전직 근로자는 택시, 버스, 트럭, 기차, 지하철 등 운전을 주업무로 하는 사람을 말한다.[5] 운수업은 국가 산업과 관련한 주요 직종인 동시에 국민의 안전과 밀접한 관련이 있는 중요한 일이다. 운

---

5) 운전직 근로자의 업무적합성평가 기술지침, KOSHA GUIDE H-222-2023.

수업 근로자는 단조롭지만 주의 집중, 돌발 상황 대처가 필요한 운전 자체 스트레스뿐 아니라 불규칙한 업무 일정, 장시간 근로 및 야간 교대근무, 소음, 진동, 분진, 매연 같은 유해인자에 노출된다. 산업안전보건공단 연구 보고서[6]에 의하면 운수업 근로자는 고혈압, 당뇨, 고지혈증 등의 만성 질환, 허리, 어깨, 무릎 통증 같은 근골격계 질환, 뇌경색, 심근경색과 같은 뇌심혈관계 질환, 우울, 외상 후 스트레스 증후군, 수면 장애와 같은 정신과적 질환을 앓고 있다.

우리나라는 산업안전보건법 제129조(일반건강진단), 제130조(특수건강진단 등)에 의거하여 근로자의 건강 이상을 조기에 발견하고 직업병을 예방하기 위해 사업주 비용부담으로 **근로자건강진단(일반건강진단, 특수건강진단)**을 수행하고 있다. 이 중 작업 환경에 유해인자가 있는 경우 실시하는 특수건강진단을 흔히 **특수건진 또는 특수검진**이라고 부른다. 특수건진은 사업장 크기와 관계없이 산업안전보건법에 정해진 유해인자가 있는 상시 근로자 1명 이상 고용 사업장에 강제적으로 행해진다. 특수건진 대상 유해인자는 현재 총 181개인데 야간 교대근무도 여기에 포함되며 아래에 해당하는 경우 **야간작업 특수건진**의 대상자가 된다.[7]

---

6) 운수업 근로자의 유해요인 노출실태 및 건강관리방안 개발을 위한 연구, 산업안전보건공단, 2001.
7) 2023년 근로자건강진단 실무지침 제2권, 2023-산업안전보건연구원-967, p.372.

① 6개월간 밤 12시부터 오전 5시까지 시간을 포함하는 연속 8시간 근무를 월 평균 4회 이상한 경우
② 6개월간 오후 10시부터 다음 날 오전 6시 사이에 월 평균 60시간 이상 일한 경우

한 택시 운송업 사업장에서 일하는 택시 운전기사 71명의 2022년 근로자건강진단 결과를 분석해 보았다. 평균 나이는 62.9세(SD[8] 6.7)이고 이 중 65세 이상의 고령 운전자는 30명(42.3%), 70세 이상의 운전자는 9명이었고 최고령 운전자는 무려 78세였다. 비단 고령만이 문제는 아니었다. 대부분의 택시 운전기사들은 비만, 고혈압, 당뇨, 고지혈증 유소견자로 약물 치료를 받아야 하는 상황임에도 불구하고 공복 혈당이 200~300mg/dl로 조절되지 않는 경우도 있었다(정상 공복혈당 100mg/dl 미만). 사업주를 만나러 찾아갔다. 근로자들이 너무 고령이고 고혈압, 당뇨, 고지혈증과 같은 만성질환 관리가 잘 되지 않아 뇌졸중, 심근경색이 발생할 가능성이 높으며 운전 중 사고로 이어질 수 있다고 설명했다. 실제로 지난해 야간 경비 업무를 하던 중 심정지로 쓰러져 중환자실에서 치료를 받고 겨우 되살아난 수검자가 있었다고 경각심을 주었다. 사업주는 상황을 인지하고 있었다. 그러나 현실적으로 해결하기 어려운 상황이라고 토로하며 택시 사업장에 속한 근로자는 강제적으로 근로자건강진단이라도 받고 있지만 개인 사업자에 해당하는 개인택시 운전기사의 건강

---

8) Standard Deviation(표준 편차): 분산의 정도로 통계 집단의 흩어짐을 나타내는 수치이다.

은 더 심각할 것이라고 말했다. 시내버스 준공영제 시행으로 시내버스 운전자의 경우 신분 보장, 근무 조건, 복지 향상이 어느 정도 이루어졌다. 반면 택시 운수업은 대부분 소규모 사업장으로 근무 환경 개선이 힘든 실정이다. 택시 운전은 야간근무가 포함된 하루 10시간 이상 고된 업무로 젊은 사람이 잘 하지 않는 일이다. 고령화 사회로 접어들면서 택시 운전기사의 절반이 60대 이상이 되어 버렸다.[9]

뇌심혈관계 질환의 위험 요인은 고령, 가족력, 흡연, 비만, 당뇨, 고지혈증 등인데 건강검진 결과를 바탕으로 향후 10년 내 발병할 확률을 계산하기 위해 **뇌심혈관계 질환 발병위험도 평가**를 한다. 사업주는 모든 근로자를 대상으로 뇌심혈관계 질환 발병위험도 평가를 2년에 1회 이상 실시하는 것이 권고된다.[10] 평가 결과는 저위험군, 중등도위험군, 고위험군, 최고위험군으로 구분되는데 위 택시 사업장 근로자들의 뇌심혈관계 질환 발병위험도 평가를 해 보니 고위험군은 27명, 최고위험군 7명이었다. 고위험군은 향후 10년 내 관련 질환이 발생할 확률이 5~10%, 최고위험군은 10% 이상을 의미한다. 고위험, 최고위험군인 근로자들은 근본적으로는 금연, 절주, 규칙적 운동, 체중 관리 등 적극적인 생활습관 개선과 함께 고혈압, 당뇨, 고지혈증 유소견자의 경우 약물 치료를 받아 정상 수치를 유

---

9) "택시기사 절반이 60대 이상… 고령 운전기사 사고 급증", 연합뉴스, 2016년 11월 14일.
10) 직장에서의 뇌심혈관계질환 예방을 위한 발병위험도 평가 및 사후관리지침, KOSHA GUIDE H-200-2018.

지하는 것이 중요하다. 또한 직업적으로 뇌심혈관계 질환 발생에 가중 요인이 되는 60시간 이상 장시간 노동, 고정적 야간작업, 고열, 한랭 작업, 심한 육체노동 등에 대한 업무 제한이 필요할 수 있다. 건설업의 경우 하루 업무 시작 전 근로자의 혈압을 재고 고혈압인 경우 그날 업무를 제한한다. 따라서 건설업 근로자는 일을 하기 위해서라도 고혈압 약물을 적극적으로 복용한다. 반면 업무 제한과 같은 불이익이 없는 근로자들은 검사 수칙을 어기고 식사를 하고 검사를 하거나 별도의 사후조치(생활습관 개선, 약물치료) 없이 검사만 반복하고 넘어가 버리는 경우가 많다.

2022년 한 해 동안 산업재해로 인한 사고와 질병으로 사망한 사람은 총 2,223명이며 이 중 뇌심혈관계 질환으로 사망한 사람은 486명이다.[11] 곧 심근경색이 생길 수 있는 할아버지 의사가 수술대에 누운 환자 앞에서 칼을 잡고 있는 모습을 상상해 보자. 운수업 근로자들 역시 승객과 화물의 안전을 담당하는 중요한 업무를 하고 있다. 고령 택시 운전기사의 심근경색 사례는 단순히 운이 나빠 발생한 사건이 아니다. 이 같은 일은 고령화 사회를 넘어 초고령 사회로 향하고 있는 우리나라에서 앞으로 더 흔히 경험할 일이다. 오늘도 아무 조치 없이 위험한 택시를 도로로 내보내고, 어제와 다름없이 위험한 상태로 택시의 운전대를 잡고, 별생각 없이 위험한 택시에 탑승한다. 사고가 나면 또 그냥 그 자리를 떠나 버릴 것이다.

---

11) 2022년 산업재해 현황 분석, 고용노동부 산업안전보건본부 산업안전보건정책과, p.26.

2. 주임 간호사의 과로사

"대학병원 간호사로 일했던 44세 여성 구진희의 남편입니다. 아내가 일하다가 뇌출혈로 사망했다는 전화를 받았습니다. 처음엔 장난 전화인 줄 알았습니다. 아내가 너무 보고 싶습니다."

진희 씨는 서울 빅3 대학병원에서 13년 동안 근무하고 있는 주임 간호사이다. 수간호사를 돕는 주임 간호사가 된 지 벌써 2년 차가 되었다. 평소 입원 환자 간호 업무도 벅찬데 코로나19로 인해 업무가 더 많아졌고 다음 주에는 병원 인증 평가까지 있어 정말 도망가고 싶은 마음이다. 평소 업무량과 강도가 높은 것으로 유명한 대형 대학병원이지만 국내 최고의 병원에서 간호사로 일하고 있다는 자부심이 있었다. 그런데 병원 인증 평가 기간은 간호 인력을 갈아 넣는다는 말이 나올 정도로 담당 간호사들에게 가중되는 일이 너무 많다.

초여름 어느 날 진희 씨는 여느 때와 같이 병원에 출근했는데 망치로 머리를 맞은 것 같은 갑작스럽고 심한 두통을 느꼈다. 동료 간호사에게 이야기를 하고 잠시 쉬고 있는데 천장이 노랗게 변하면서 쓰러져 버렸다. 진희 씨는 뇌출혈이 의심되어 신경외과로 옮겨졌는데 당시 뇌수술을 할 수 있는 의사들이 모두 자리를 비우고 있어 수술을 받을 수 없었다. 진희 씨는 몇 시간이 지나서야 다른 병원으로 이송되었는데 안타깝게도 다시 눈을 뜨지 못했다. 진희 씨 집에는 병원 인증 평가 기준표를 포함한 관련 책자가 노트북 옆에 수북이 쌓여 있었다. 국내 최고 병원에 뇌수술을 할 수 있는 의사가 없어 같은 병원 간호사가 사망하였다는 소식이 전해졌다. 이 사건은 사회적으로 큰 이슈가 되었지만 그 근본 원인인 과로에 대해 이야기하는 기사는 거의 없었다.

과로사는 과도한 업무로 피로가 누적되어 사망하는 것을 말한다. 과로사는 1980년대 일본에서 처음으로 사용된 사회적 용어로 의학적으로는 일로 인해 발생한 뇌심혈관계 질환인 **업무상 뇌심혈관계 질환**을 의미한다. 과로에 대한 명확한 정의를 내리기는 어렵지만 노동 시간과 업무 강도 측면으로 생각해 볼 수 있다. 쉽게 몇 시간 일하는지, 얼마나 쉴 틈 없이 일하는지, 언제 어떤 일을 어떻게 하는지로 추정할 수 있다. 우리나라 사람들은 정말 열심히 일한다. 그것이 사회의 미덕이 되어 왔다. 2017년 기준 한국 연간 노동시간은 경제협력개발기구(Organization for Economic Co-operation and Development, OECD) 평균인 1,759시간보다 256시간이나 많다.[12] 2009년 노동패널자료 분석 결과 야간 교대근무를 하는 노동자 비율도 9.7%로 높은 편이다.

---

12) 과로로 인한 한국 사회 질병부담과 대응 방안, 한국보건사회연구원, 연구보고서 2018-05.

기본적으로 뇌심혈관계 질환은 유전, 고령과 같이 개선할 수 없는 요인에 의해서도 생기지만 흡연, 고혈압, 당뇨, 고지혈증, 비만, 운동 부족, 스트레스, 과로 등 개선할 수 있는 원인이 더해져 발생하는 경우가 많다. 따라서 적극적인 생활습관 개선, 약물 치료, 업무 환경 개선으로 예방할 수 있다. 과로사와 관련한 연구 결과를 살펴보면 주 48시간 이상 노동자는 주 40~48시간 노동자와 비교해 급성 심근경색은 3배 이상(OR[13]=3.29, 95% CI[14]=1.76~6.17), 뇌출혈은 4배 이상(OR=4.18, 95% CI=1.95~8.98), 전체 뇌심혈관계 질환은 3배 이상(OR=3.46, 95% CI=2.38~5.03) 발병 위험도가 높았고 여기에 장기간 노동과 육체적 강도 높은 업무가 더해지면 그 위험은 더 높아진다.[15] 발병 전 8~30일 노동시간과 비교해 발병 전 1~7일 노동시간이 10시간 늘어날 경우 뇌심혈관질환 위험이 1.45배 증가(OR=1.45, 95% CI= 1.22~1.72)한다. 일반적으로 주 5일, 하루 8시간, 주 40시간 근무시간과 비교해 주 55시간 이상 일하는 경

---

13) Odd's Ratio(OR, 오즈비)는 통계적으로 대조군과 비교한 어떤 사건이 일어나지 않은 확률과 사건이 일어날 확률의 비이다. 대부분의 역학 연구의 목적은 특정 위험요인 노출과 관련하여 질병의 위험도(발생률)가 증가 혹은 감소하는지 확인하는 것이다. 오즈비와 위험도(절대 위험도, 비교 위험도)가 이를 측정하는 대표적인 지표이다.
14) 95% CI(95% Confidence Interval, 95% 신뢰구간)는 통계적으로 모집단 중 n개의 표본을 가지고 신뢰구간을 100번 구했을 때 그중 95번은 모집단의 특성을 보이는 것을 의미한다. 일반적으로 95% 신뢰구간이 1을 초과해야 통계적으로 의미 있는 결과로 본다.
15) 과로사(과로자살) 예방을 위한 정책 연구(2), 산업안전보건공단, 연구보고서, 2018.

우 뇌졸중이 33% 증가한다는 보고도 있다.[16] 과로사라는 개념이 처음 도입된 일본은 2014년 과로사 등 방지 대책 추진법을 시행하고 있다. 일본은 후생노동성 내 과로사 특별 대책실을 설립해 매년 과로사 백서를 출간하여 장시간 노동 근절을 위한 법률상 개입 근거를 마련하고 있다. 우리나라도 장시간 노동 및 과로사 예방에 대한 일관성 있고 지속적인 정책이 필요하다.

우리나라는 노동계의 꾸준한 노력으로 근로 시간 단축제가 도입되었다. 먼저 2003년 근로기준법 개정으로 주 40시간 근로제가 시행되어 하루 8시간 주 5일 근무제가 자리를 잡게 되었다. 2018년에는 주 52시간 근로상한제가 실시되어 1주 최대 허용 근로 시간이 52시간으로 규정되었다.[17] 현행 근로기준법 제50조(근로 시간), 제53조(연장 근로의 제한)에 의거해 1주 근로 시간은 휴게시간 제외 40시간을 초과할 수 없고, 당사자 간 합의가 있어도 1주 12시간까지만 근로 시간을 연장할 수 있다. 그러나 특례 업종은 주 52시간 근로상한제에서 제외된다. 특례 업종은 운송업(육상, 파이프라인, 수상, 항공, 운송관련 서비스업 등)과 보건업(의사, 간호사 등)이다.

---

16) Long working hours and risk of coronary heart disease and stroke: a systematic review and meta-analysis of published and unpublished data for 603,838 individuals, Mika Kivimäki, et al., Lancet, 2015.
17) 주 52시간 근무제도 도입이 고용과 기업 성과에 미친 영향, 한국조세재정연구원, 수시연구과제 2021-10.

의사와 간호사가 아픈 환자를 두고 퇴근할 수는 없다. 특히 의사면허를 취득하고 주로 대학병원에서 수련 중인 전공의(인턴, 레지던트)는 대부분의 시간을 병원에서 일하면서 보낸다. 실제로 전공의는 병원에서 가장 낮은 수준의 대접을 받는다. 하루 밥 한 끼 제대로 먹으면 다행이다. 샤워할 시간이 부족해 지독한 냄새를 풍기며 병원 이곳저곳을 돌아다니고, 잠잘 시간이 부족해 수술하면서 꾸벅꾸벅 조는 일도 허다하다. 2021년 전공의의 수련환경 개선 및 지위 향상을 위한 법률(전공의 특별법)이 시행되면서 전공의는 최대 주 88시간까지만 일할 수 있게 되었다. 그럼에도 전공의의 근무 시간은 사회적으로 합의된 주 52시간제 근로상한제와 비교하여 훨씬 많다. 오히려 전공의 특별법으로 인해 40시간 연속근무도 가능해져 버렸다. 이름과 다르게 전공의 특별법은 의료인의 과로사를 부르는 합법적 도구가 된다. 대형병원 간호사의 근무 환경 역시 크게 다르지 않다.

근로복지공단의 뇌심혈관계 질환 업무상 질병 조사 및 판정 지침[18]에 의하면 뇌심혈관계 질환의 원인이 되는 고혈압, 고지혈증, 동맥경화증과 같은 기초 질병이 있더라도 업무상 부담요인이 명확하다면 업무상 질병으로 인정한다. **과로사 인정 기준**을 간단히 요약하면 아래와 같다.[19]

---

18) 뇌혈관질병, 심장질병 업무상 질병 조사 및 판정 지침, 근로복지공단, 지침번호 제2021-03호.
19) 업무상질병판정 매뉴얼, 근로복지공단, 2021년 12월.

1) 급격한 업무환경 변화

: 먼저 급격한 업무환경 변화는 증상 발생 전 24시간 이내에 돌발적이고 예측 곤란한 긴장, 흥분, 공포, 놀람 등 업무 환경 변화가 있는 경우이다.

2) 단기 과로

: 발병 전 1주일 이내 업무 양이나 시간이 이전 12주(발병 전 1주일 제외) 동안 1주 평균보다 30% 이상 증가되거나 업무 강도, 책임 및 업무 환경이 적응하기 어려운 정도로 바뀐 경우이다.

3) 만성 과로

: 발병 전 12주 동안 업무시간이 1주 평균 60시간(발병 전 4주 동안 1주 평균 64시간)을 초과하는 경우 또는 52시간을 초과하면서 업무 부담이 가중된 경우이다.

과로사를 유발할 수 있는 업무 부담 가중 요인은 주 60시간 이상의 장시간 노동, 정신적으로 부담이 큰 업무, 연속적인 육체적 중노동, 부정맥이 있는 경우 운전, 고소 작업(넘어지면 다칠 수 있는 높이 이상에서의 작업), 시차가 큰 출장이 잦은 업무, 작업환경 유해물질 노출(이황화탄소, 염화탄화수소, 일산화탄소, 메틸렌클로라이드, 니트로글리세린 등), 직무스트레스, 고정적 야간작업, 야간 교대근무 등이다.

특히 **야간 교대근무**는 힘들고 과중되는 일을 교대로 나눠서 한다는 좋은 취지로 많은 사업장에서 도입되었지만 이 역시 생체 일주기 리듬을 파괴하고 업무상 사고 및 각종 질환의 원인이 되는 건강에 좋지 않은 일이다.[20] 야간 교대근무는 업무상 사고 위험이 최대 2배 증가한다. 그리고 야간 교대근무는 수면장애를 비롯한 뇌심혈관계 질병, 소화기계 질환, 비만, 대사증후군, 당뇨, 우울증의 간접적인 원인이 된다. 또한 여성 근로자가 야간 교대근무를 20년가량 지속하면 유방암이 생길 확률이 약 1.5배 증가한다.[21] 국제암연구소(International Agency for Research on Cancer, IARC)는 야간 교대근무를 유방암을 유발하는 인체의 발암 우려 물질인 Group 2A로 분류하였다(아래 표 참고). 야간 교대근무 역시 담배를 피우거나 납에 노출되는 것과 맞먹는 암을 일으키는 원인이 될 수 있음을 기억해야 한다. 이를 기반으로 덴마크에서는 주 1회 이상 야간근무를 포함하는 교대근무를 20년 이상 수행한 근로자에게 유방암이 발생하면 산재로 인정해 주고 있다.

---

20) 야간작업 특수건강진단 주요 개정내용 해설 및 지침, 고용노동부 산재예방보상정책국 산업보건과, 2013.
21) The relationship between night work and breast cancer, Hye-Eun Lee, et al., AOEM, 2018.

분류	의미
Group 1	인체에 발암 확정(definite) 인자 예) 흡연, 벤젠, 산화에틸렌, 포름알데히드, 방사선 등
Group 2A	인체에 발암 우려(probable) 인자 예) 납 화합물, 스티렌, 아닐린, **야간 교대근무** 등
Group 2B	인체에 발암 가능(possible) 인자
Group 3	인체에 발암물질로 분류할 수 없는 인자
Group 4	인체에 발암물질로 의심되지 않는(probable not) 인자

〈국제암연구소(IARC)의 발암물질 분류 기준〉

시간 외 근무를 영어로 '비사회적 시간에 일한다(to work unsocial hour)'라고 표현한다(정시 근무는 to work nine-to-five).[22] 여기서 알 수 있듯이 야간 교대근무는 건강 문제를 유발하는 것과 더불어 사회생활(가정, 결혼, 여가 등)에도 좋지 않은 영향을 미친다.

고용노동부고시 제2013-49호(근로자건강진단 실시기준)에 의거, 2014년 1월 1일부터 야간 교대근무도 특수건진 유해인자 항목에 포함되어 야간작업 특수건진을 시행하고 있다. 야간작업 특수건진 대상자는 일하기 전(배치 전), 일하고 6개월 이내(배치 후), 그 이후부터는 1년에 1회 설문지 검사(질환력, 흡연 및 전자담배, 음주, 신체활동, 노출평가, 수면장애, 위장관 질환, 유방암 관련), 신체 계측(키, 체중, 복부둘레, 혈압), 피검사(당뇨, 고지혈증)를 받은 후 의사에게 상담과 교육을 받는다.

---

22) 네이버 오늘의 영어회화, 2023년 12월 9일.

또한 2021년부터 산업안전보건공단은 뇌심혈관질환 고위험 노동자에게 **심층 건강진단**을 지원하고 있다.[23] 고혈압, 당뇨, 고지혈증, 비만에 1개 이상 해당하거나 뇌심혈관질환 발병 위험도 평가에서 고위험군, 최고위험군에 해당하는 근로자 또는 55세 이상 또는 야간작업 특수건진에서 유소견자(C_N, D_N[24]) 판정을 받은 근로자는 경동맥 초음파, 관상동맥 비조영 CT, 심장 초음파, 뇌혈관 MRA 등 고가의 선택 검사를 받을 수 있으며 대부분의 비용은 지원된다.

진희 씨의 뇌출혈은 주임 간호사로 병원 인증 평가를 준비하면서 생긴 중압감과 직무스트레스, 출퇴근 기록으로 확인되지 않는 재택근무를 포함한 장시간 근로 및 야간 교대근무가 가중되어 발생한 과로사로 인정되었다. 야간 교대근무를 하지 않으면 좋겠지만 병원, 경찰서, 소방서, 항만, 공항, 호텔, 경비 등 24시간 일해야 하는 직종이 있다. 야간작업이 있는 사업장을 경영하는 사업주는 야간 교대근무 근로자를 위해 고정적인 야간근무, 1주 단위 교대근무, 연속 야간근무를 없애고 근무 사이 충분한 휴식을 보장하고 예측 가능하고 규칙적이고 순방향(아침반→저녁반→야간반)으로 바뀌는 업무 스케

---

23) 산업안전보건공단 홈페이지: 뇌심혈관 고위험 노동자 심층건강진단 비용지원.
24) 야간작업 특수건강진단 건강관리구분 판정 코드로 A는 건강관리상 사후관리가 필요 없는 근로자(건강한 근로자), C_N은 질병으로 진전될 우려가 있어 야간작업 시 추적 관찰이 필요한 근로자(질병 요관찰자), D_N은 질병의 소견을 보여 야간작업 시 사후관리가 필요한 근로자(질병 유소견자), R은 건강진단 1차 검사결과 평가가 곤란하거나 질병이 의심되는 근로자(제2차 건강진단 대상자)를 말한다(출처: 근로자건강진단 실무지침 제1권, 2023-산업안전보건연구원-968, p.8).

줄 관리를 해야 한다. 또한 야간작업 중에 잠시라도 근로자들에게 수면 시간을 제공해 주어야 한다. 야간 교대근무자 역시 가능한 한 규칙적으로 생활하려고 노력해야 하며 금연, 절주, 운동, 적정 체중 유지, 채소 위주 식단으로 건강을 유지하고 고혈압, 당뇨, 고지혈증에 해당하는 경우 적극적인 약물 치료를 통해 정상 수치를 유지해야 한다.[25]

---

25) 굴뚝 속으로 들어간 의사들, 강동묵, 한국노동안전보건연구소 기획, 나름북스, p.224~233.

Ⅱ. 직업성 근골격계 질환

3. 크레인 운전기사의 목 디스크

"크레인 운전을 하는 53세 남성 정광무입니다. 평소 목이 좀 뻣뻣하다고 느꼈습니다. 그런데 갑자기 팔이 저려서 신경외과에 왔는데 목 디스크라고 합니다."

광무 씨는 한 제철 공장에 취직해 20년 넘게 크레인 운전을 해 왔다.[26] 이 크레인을 천정 기중기라고 부르는데 20m 상공에 설치된 레일에 의해 작동하는 장비로 지상에 있는 약 40톤의 무거운 물체를 들어 올릴 수 있는 기계이다. 크레인 운전 업무는 사고 위험성이 높아 항상 긴장된 상태로 목, 팔, 어깨, 다리에 힘을 주게 되고 주변 시야 확보를 위해 목과 허리를 숙인 채 아래를 바라보며 운전을 해야 하는 고된 일이다. 광무 씨는 주 5일 하루 8시간씩 4조 3교대로 일을 했다. 크레인 운전을 마치고 집에 오면 목과 허리에 뻣뻣한 느낌이 든다. 1년, 2년 시간이 지나면서 이런 느낌도 익숙해져 버렸다. 그런데 10년째 크레인 운전을 하던 해에 갑자기 팔이 저려 왔다. 집 근처에 있는 신경외과에 들렀는데 의사가 목 디스크(경추부 추간판 탈출증)라고 한다. 생계를 위해 약을 복용하면서 계속 일을

---

26) 장시간의 전신진동, 부적절한 작업자세와 관련된 경추부 추간판탈출증, 정종도 외, 대한산업의학회지, 2009년.

했다. 증상이 심해져 비싼 시술도 몇 차례 받았다. 그런데도 증상이 좋아지지 않고 일을 하기 힘들어져 결국 수술대에 올랐다. 광무 씨는 평소 건강했고 목 부위를 다친 적도 없다. 이제 나이가 들었나 보다 하고 동료 근로자에게 이야기했다. 그런데 알고 보니 같은 일을 하던 동료 27명 중 4명이 같은 질병으로 수술을 받았고 동료 성환 씨는 산재로 승인을 받았다고 한다. 성환 씨에게 물어보니 회사 특수건진 병원의 직업환경의학과로 전화해 보라고 했다.

직업병은 어떻게 정의할까? 일반적으로 업무상 재해(산재)라고 하면 추락, 끼임 등 일하다 발생한 업무상 사고가 떠오른다. 하지만 업무상 재해는 크게 업무상 질병, 업무상 사고(업무 수행 중 발생한 사고, 사업주가 제공한 시설물에 의한 사고, 행사 휴게시간 중 발생한 사고, 기타 사고), 통근 재해로 구분한다.[27] 2018년부터 통근 재해도 업무상 재해로 인정하고 있다.

업무상 질병은 크게 **직업병(occupational disease)**과 **직업 관련 질병(work-related disease)**으로 나눈다. 직업병은 직업과 관련한 유해인자가 그 발생에 가장 중요한 원인이 되는 질병으로 진폐증, 소음성 난청, 화학물질 중독 등이 이에 해당한다. 직업 관련 질병은 직업적 요인과 더불어 개인적, 환경적 요인 등 업무 외적 요인이 복합적으로 작용하여 발생하는 질병이다. 광무 씨의 추간판 탈출

---

27) 직업환경의학(개정판), 대한직업환경의학회 편, 계축문화사, p.4.

증과 같은 근육, 인대, 관절에 생기는 근골격계 질병과 뇌심혈관계 질병 등이 대표적인 직업 관련 질병이다. 2022년 산업재해 현황 분석[28]에 의하면 4일 이상 요양이 필요한 업무상 질병자 총 23,134명 중 직업병은 9,762명(42.2%), 직업 관련 질병은 13,372명(57.8%)이다. 과거에는 직업병만을 산재로 생각했으나 현재는 직업 관련 질병이 산재로 인정되는 경우가 더 많다. 즉 직업병은 직업적인 원인으로 질병이 발생하거나 기존에 있던 질병이 자연적인 진행보다 더 빠르게 악화된 것이 의학적으로 인정되는 경우를 말한다.

산업재해보상보험법 시행령 제34조(업무상 질병의 인정기준) 제3항 [별표 3]에서 근골격계에 발생한 질병의 업무상 질병 인정기준을 규정하고 있다. 근골격계 질병은 특정 신체부위에 부담을 주는 업무와 관련하여 근육, 인대, 힘줄, 추간판, 연골, 뼈 또는 관련 신경, 혈관에 미세한 손상이 누적되어 기능 저하를 초래하는 급성 또는 만성 질병이다. 근골격계 질병의 위험요인은 아래와 같이 사회구조적 요인, 작업관련 요인, 개인적 요인으로 구분할 수 있다.[29]

1) 사회구조적 요인

: 노동 강도, 작업조직, 생산방식 등과 같은 사회경제적 요인

---

28) 2022년 산업재해 현황 분석, 고용노동부 산업안전보건본부 산업안전보건정책과.
29) 근골격계질병 업무상 질병 조사 및 판정 지침(제2021-04), 근로복지공단.

2) 작업 관련 요인

: 작업 자세, 힘, 반복성 등과 같은 물리적 요인

3) 개인적 요인

: 성별, 연령, 병력, 체중, 운동, 취미, 생활습관 등과 같은 요인

근골격계 질병이 직업병인지 그 업무 관련성을 평가하려면 먼저 의학적 기준에 맞게 질병이 진단되어야 하고 그 상태와 정도가 인지되어야 한다. 다음으로 업무 종사 기간, 작업 시간, 업무량, 강도, 자세, 속도, 장소, 구조 등 근로자의 업무를 파악하여 근골격계에 부담이 되는 작업이 상당했는지를 평가해야 한다. 기본적으로 반복 동작, 무리한 힘, 부적절한 자세, 진동 등이 근골격계 질병의 원인이 된다. 근골격계 부담작업의 범위 및 유해요인조사 방법에 관한 고용노동부고시 제3조(근골격계 부담작업)에 의하면 **근골격계 부담작업**은 다음 11개에 해당하는 작업을 말한다.

① 하루 4시간 이상 집중적으로 자료입력 등을 위해 키보드 또는 마우스를 조작하는 작업(손, 손가락, 목, 어깨 부담작업)
② 하루 총 2시간 이상 목, 어깨, 팔꿈치, 손목 또는 손을 사용하여 같은 동작을 반복하는 작업(목, 어깨, 손목, 손, 팔꿈치 부담작업)
③ 하루 총 2시간 이상 머리 위에 손이 있거나, 팔꿈치가 어깨 위에 있거나, 팔꿈치를 몸통으로부터 들거나, 팔꿈치를 몸통 뒤쪽에

위치하도록 하는 상태에서 이루어지는 작업(어깨, 팔 부담작업)
④ 지지되지 않은 상태이거나 임의로 자세를 바꿀 수 없는 조건에서, 하루 총 2시간 이상 목이나 허리를 구부리거나 트는 상태에서 이루어지는 작업(목, 허리 부담작업)
⑤ 하루 총 2시간 이상 쪼그리고 앉거나 무릎을 굽힌 자세에서 이루어지는 작업(다리, 무릎, 허리 부담작업)
⑥ 하루 총 2시간 이상 지지되지 않은 상태에서 1kg 이상의 물건을 한 손의 손가락으로 집어 옮기거나, 2kg 이상에 상응하는 힘을 가하여 한 손의 손가락으로 물건을 쥐는 작업(손가락 부담작업)
⑦ 하루 총 2시간 이상 지지되지 않은 상태에서 4.5kg 이상의 물건을 한 손으로 들거나 동일한 힘으로 쥐는 작업(손 부담작업)
⑧ 하루 10회 이상 25kg 이상 물체를 드는 작업(허리 부담작업)
⑨ 하루 25회 이상 10kg 이상 물체를 무릎 아래에서 들거나, 어깨 위에서 들거나, 팔을 뻗은 상태에서 드는 작업(팔, 어깨, 허리 부담작업)
⑩ 하루 총 2시간 이상, 분당 2회 이상 4.5kg 이상 물체를 드는 작업(허리 부담작업)
⑪ 하루 총 2시간 이상 시간당 10회 이상 손 또는 무릎을 사용하여 반복적으로 충격을 가하는 작업(손, 무릎 부담작업)

사업주는 고용노동부고시 제4조(유해요인조사 방법)에 의거, 근골격계 부담작업을 보유하는 경우 최초의 유해요인조사를 실시한 후

매 3년마다 정기적으로 근골격계 부담작업 유해요인조사를 실시해야 한다.[30] 근골격계 부담작업의 정도는 인간공학[31] 전문가에 의해 인간공학적 평가 도구(RULA, REBA, OWAS, JSA, NLE 등)를 이용하여 평가된다.

근로자에게 생긴 질병이 직업병 또는 직업 관련 질병인지를 판단하는 것을 **업무관련성평가**라고 한다. 광무 씨가 진단 받은 **추간판 탈출증(herniated disc)** 은 척추뼈 사이에서 쿠션 역할을 하는 젤리같이 말랑말랑한 구조물인 추간판(disc)이 원래 자리에서 벗어나거나 찢어지는 질환이다. 추간판이 원래 자리에서 벗어나면 주변에 있는 신경이 눌려 그 부위 통증과 함께 피부 신경 분절[32]을 따라 아프고 저리고 힘이 빠지거나 이상 감각이 생긴다.

직업성 근골격계 질환 단계는 환자의 증상에 따라 3단계로 구분한다. 1단계는 작업 시간 동안에 통증이 발생하나 귀가 후나 일을 안 할 때는 통증이 없는 경우이다. 2단계는 작업 동안은 물론이고 귀가 후나 일을 안 할 때도 통증이 지속되고 아파서 잠 잘 때 깨거나 작업 능력이 떨어져 의학적 관리가 필요한 경우이다. 3단계는 휴

---

30) 근골격계부담작업 유해요인조사 지침, KOSHA GUIDE H-9-2018.
31) 인간공학(ergonomics)은 그리스어 ergon(일)과 nomos(자연 원리)의 합성어로 "작업을 사람의 특성과 능력에 맞도록 설계하는 것"을 목적으로 하는 학문이다.
32) 피부 신경 분절(dermatome)은 뇌에서 감각(통증)을 비슷하게 느끼는 피부의 특정 부위 모음이다. 피부 신경 분절은 척수긴경 후근(dorsal root of spinal nerves)에서 기인하는데 흉추 신경 12개, 요추 시견 5개, 천골 신경 5개가 있다.

식 중에도 지속적으로 아프고 잠을 잘 수 없을 정도로 통증이 심하고 아파서 일상생활과 작업 수행에 어려움이 있어 즉각적인 병원 치료가 필요한 경우이다. 미국 국립산업 안전보건 연구원(National Institute for Occupational Safety and Health, NIOSH)은 증상에 따른 근골격계 질환 양성자를 2가지로 분류한다.[33] 아래의 NIOSH 근골격계 증상 양성자 1, 2에 해당하는 경우 모두 조기 병원 진료가 필요하다.

1) NIOSH 근골격계 증상 양성자 기준 1

 : 지난 1년간 한 달에 1회 이상 증상 또는 증상이 1주일 이상 지속되면서 중간 이상의 통증이 있는 경우

2) NIOSH 근골격계 증상 양성자 기준 2

 : 증상이 적어도 1주일 이상 지속되고 지난 1년간 한 달에 1번 이상 증상이 발생하며 심한 통증(작업 중 통증이 비교적 심하고 귀가 후에도 통증이 계속되는 경우) 또는 매우 심한 통증(통증 때문에 작업은 물론 일상생활을 하기가 어려운 경우)을 호소하는 경우

 환자의 증상과 함께 추간판 탈출증 진단에 매우 중요한 검사는 자

---

33) 직무특성에 따른 근골격계질환 발생과 보건관리체계에 관한 연구, 사업장 내 여성 및 남성의 직무특성을 대비하여, 노동환경건강연구소, 산업안전보건공단.

기공명영상(Magnetic Resonance Imaging, MRI)[34]이다. **MRI를 통해 추간판 탈출증 정도를 팽대(bulging), 돌출(protrusion), 탈출(extrusion), 유리(sequestration)로 구분**한다.[35][36] 추간판(intervertebral disc)는 척추뼈 사이에서 충격을 흡수해 주는 쿠션 역할을 하는 구조물로 안에는 속질핵(nucleus pulposus), 밖은 섬유륜(anulus fibrosus)으로 구성되어 있다. 팽대는 추간판이 호떡처럼 눌려 속질핵이 3㎜ 이상 비대칭적으로 밀려난 것으로 일반적으로 연령에 따른 퇴행성 변화로 본다. 돌출은 내측 섬유륜이 파열되어 외부로 나온 추간판의 길이가 원래 추간판 위치의 가장자리보다 짧은 정도이다. 탈출은 외측 섬유륜이 파열되어 외부로 나온 추간판 길이가 기존 추간판 위치의 가장자리보다 긴 정도이다. 유리는 추간판이 심하게 탈출되어 조각나 떨어져 상하 외측으로 이동한 경우를 말한다. MRI 검사를 통해 확인된 추간판 탈출증의 정도

---

34) MRI는 강력한 자석의 힘을 이용해 인체의 단면 영상을 얻는 의료기기이다. 우리 몸 세포의 원자핵은 평소 회전운동을 하고 있고 강력한 자기장이 가해지면 세차운동(팽이처럼 물체의 회전축이 움직이는 운동)을 한다. 인체에 강력한 자기장을 쏘이면 인체의 원자핵이 일렬로 배열되었다가 자기장을 제거하면 원래 상태로 되돌아오면서 고유의 에너지를 방출한다. 이때 방출되는 서로 다른 에너지를 검출하여 영상으로 만든 것이 MRI이다. MRI는 X-선과 같은 방사선이 아니므로 기본적으로 인체에 무해하다.

35) Lumbar disc nomenclature: version 2.0, Recommendations of the combined task forces of the North American, Spine Society, the American Society of Spine Radiology and the American Society of Neuroradiology, David F. Fardon, et al., The Spine Journal, 2014.

36) 요추 유리 추간판의 자기공명영상 소견: 탈출 추간판과의 감별진단, 심수연 외, 대한영상의학회지, 2007.

는 직업 종사 이력(직업력)과 더불어 근로자의 산재 승인 여부 결정에 중요한 요인이다. 일반적으로 팽대 또는 척추협착증[37]은 자연적인 변화로 본다. 과거에는 돌출 또는 척추협착증은 대부분 산재로 승인되지 않았다. 그런데 현재는 직업력에서 상당한 해당 부위 근골격계 부담작업이 확인되는 경우 산재로 승인되는 경우도 종종 있다. 즉 산재 승인 여부 결정에 있어 의학적 질병의 상태와 더불어 직업력이 매우 중요한 요인이다.

목 부위 근골격계 질환의 기본적인 원인은 고령, 사고(교통사고, 스포츠 손상), 질환(관절염, 골다공증, 대사 질환 등), 잘못된 자세(거북목, 체형에 맞지 않는 배게 사용, 엎드려 누워 있는 자세, 한쪽만으로 물건 들기 등)이다. 목 부위 근골격계 질환의 직업적 위험요인은 목 앞으로 숙이기, 뒤로 젖히기, 좌우 회전 및 꺾임, 중량물 들기, 반복 동작, 부적절한 자세 유지, 어깨 위로 손 올리기, 허리 굽히고 팔 뻗기, 좁은 공간에서 움직임 제한, 어깨를 이용해 운반하는 자세 등이다. 크레인 운전은 고개를 숙이고 아래를 지속적으로 내려다봐야 하는 부적절한 자세, 좁은 공간에서 움직임 제한, 목 앞으로 숙이고 젖히고 회전하는 반복 동작이 많은 대표적인 작업이다.

원론적으로 신이 아닌 이상 그것이 직업병이라고 단정할 수 없다.

---

37) 척추관 협착증(spinal stenosis)은 척추관이 좁아져 신경이 누리면서 증상이 발생하는 질환으로 MRI T2에서 뇌척수액(CSF)과 신경뿌리(nerve root)의 비율을 기반으로 그 정도를 판단 가능하다.

질병은 복합적인 원인에 의해 발생하기 때문이다. 특히 업무상 사고 또는 직업병과 달리 다른 원인이 함께 작용한 직업 관련 질병은 전문가들에 의해 "상당한 수준"의 직업적 원인이 있음이 인정되어야 산재로 승인될 수 있다. 그런데 아무리 의사, 전문의, 교수, 판사라고 해도 이 상당한 수준을 정확히 판정하는 것은 불가능하다. 하지만 누군가는 이것을 결정해야 한다. 따라서 우리나라는 산업재해보상보험법 시행규칙 제2절(업무상 질병의 판정)에 의거해 **업무상 질병 판정 위원회(질판위)**를 운영하고 있다. 질판위는 위원장 1명을 포함한 180명 이내의 전문가로 구성되는데 변호사, 공인노무사, 대학교수(조교수 이상), 의사(치과의사, 한의사), 기타 전문가(산재보험, 산업위생공학, 인간공학 관련 전문가 등)가 참여한다. 일반적으로 직업환경의학과 전문의 2명, 관련 질병과 전문의(정형외과, 신경외과 등) 1명, 기타 전문가(변호사, 노무사 등) 2명 총 5명의 전문가가 다수결로 산재 승인 여부를 결정한다. 간단한 수술을 할 때도 의사, 보조 의사, 마취과 의사, 수술 간호사, 방사선사 등 여러 사람들이 참여하듯 산재 예방 및 보상과 관련한 일도 의사뿐만 아니라 산업보건간호사, 산위위생기사(기술사), 인간공학기사(기술사), 변호사, 노무사 등 다양한 사람들이 참여한다. 현재 질판위는 서울남부, 서울북부, 부산, 경남, 대구, 경인, 광주, 대전 업무상질병판정위원회로 구분되어 지역별로 운영되고 있다.[38]

---

38) 근로복지공단 홈페이지: 업무상질병판정위원회.

산재로 인해 일을 할 수 없는데 승인될지도 모르는 산재만 기다리며 생계를 유지할 수 없는 근로자도 있다. 고용노동부와 근로복지공단은 **근골격계 질병 추정의 원칙**을 적용해 산재와 관련한 복잡한 과정을 줄이고 보다 신속하게 승인 여부를 결정하고자 한다. 추정의 원칙은 업종, 직종, 근무 기간, 신청 상병 등이 특정 기준에 충족되는 경우 근골격계 질병에 명백한 반증이 없는 한 산재로 인정하는 것이다. 근골격계 질병 추정의 원칙에 해당하는 질병, 직종, 근무 기간은 아래 표와 같다.

상병	직종	근무 기간 (유효 기간)[39]
경추간판 탈출증(목)	용접, 건설 배관, 혈틀 목공, 취부	8년(12개월)
회전근개 파열(어깨)	혈틀 목공, 미장, 배달, 쓰레기 수거, 차 조립, 용접, 취부, 급식조리, 고무제품 제조	9년(12개월)
요추간판 탈출증(허리)	용접, 건설 배관, 중량물, 운전	10년(6개월)
	돌봄	5년(6개월)
반월상연골 파열(무릎)	용접, 조립, 건설, 광업, 농업, 어업	10년(6개월)
	택배, 이사	5년(12개월)
수근관 증후군 (손목)	건축 석공, 의료 제조, 도장, 정육, 미장, 안마, 정비, 조리	2년(6개월)
상과염(팔꿈치)	조리, 제빵, 자동차 조립, 택배	1년(2개월)

〈근골격계 질병 추정의 원칙에 해당하는 상병, 직종, 근무 기간〉

---

[39] 유효 기간은 신체부담업무 중단한 다음 날부터 최초 상병 진단일까지의 기간이다.

고용노동부의 2022년 산업재해 현황 분석[40]에 의하면 2022년 우리나라의 산업재해자 수는 130,348명이었는데 이 중 사고 재해자 수는 107,214명(82.3%), 질병 재해자 수는 23,134명(17.7%)으로 사고 재해자 수가 훨씬 많다. 그런데 산업재해 사망자 통계를 살펴보면 총 사망자 2,223명 중 사고 사망자 수는 874명(39.3%), 질병 사망자 수는 1,349명(60.7%)으로 업무상 질병으로 인한 사망자가 더 많다.

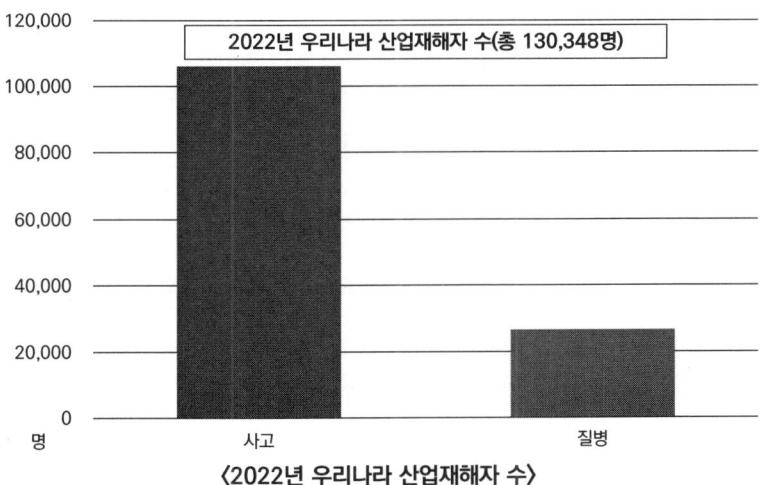

〈2022년 우리나라 산업재해자 수〉

---

40) 2022년 산업재해 현황 분석, 고용노동부 산업안전보건본부 산업안전보건정책과.

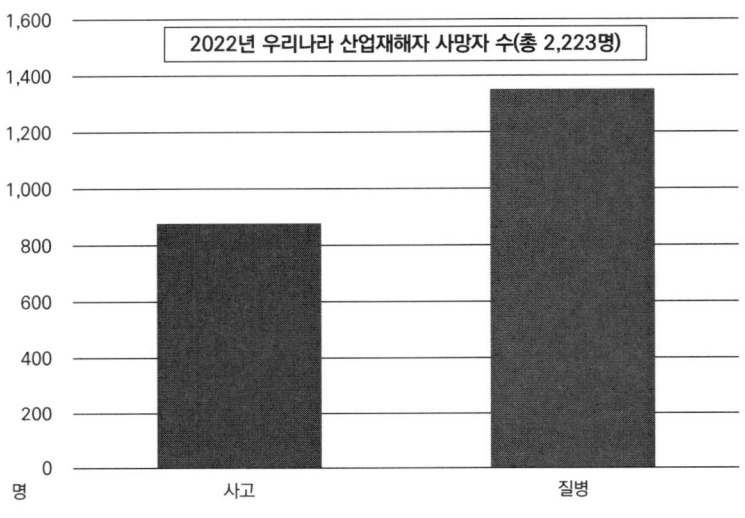

〈2022년 우리나라 산업재해 사망자 수〉

　이 통계 결과는 두 가지 점에서 주목할 만한데 먼저 매년 2,000명이 넘는 근로자가 일하다가 죽는다는 것 자체가 충격적이다. 이를 알기 쉽게 계산해 보면 하루 5명 이상의 근로자가 일 때문에 죽는다는 것이다. 두 번째로 업무상 사고 사망자보다 업무상 질병으로 인한 사망자 수가 더 많다는 사실이 놀랍다. 업무상 사고는 뉴스나 기사를 통해 많이 알려지는 반면 업무상 질병은 개인의 병원 기록으로 남아 있는 경우가 많기에 이 사실은 의외로 다가올 수 있다. 항상 중요한 것은 보이지 않는 곳에 숨어 있기 마련이다.

　광무 씨의 추간판 탈출증은 MRI 판독 소견에서 정도가 심한 탈출로 확인되었고 직업력에서 상당한 목 근골격계 부담작업이 누적된 것으로 인정되어 산재로 인정되었다. 근골격계 질환을 예방하기 위해서는 평소 바른 자세를 유지하고 한 자세만 유지하지 말고 주기적으로 일어나 스트레칭을 하고 휴식을 하는 것이 필요하다. 또한 무거운 물건은 나눠서 들고 혼자서 들어 올릴 때에는 물건을 최대한 몸에 밀착시키고 허리를 곧게 펴고 든다. 작업과 관련하여 수공구는 가볍고 다루기 쉬운 것으로 선택하고 자주 사용하는 부품이나 공구는 몸 가까이에 두고 작업 높이는 팔꿈치 높이로 맞추고 가능한 한 어깨 위 높이에는 물건을 두지 않는 것이 좋다. 또한 물건은 이동대차를 이용해 운반한다. 반복적인 동작 및 부자연스러운 자세가 필요한 육체노동을 하는 경우에는 퇴근 후 근육을 풀어 주는 마사지나 요가와 같은 근육을 이완할 수 있는 습관을 갖는 것이 필요하다.[41]

---

41) "요통, 근골격계질환 이렇게 예방하세요", 산업안전보건공단 보도자료, 2011년 4월 21일.

4. 조선소 용접공의 무릎 반월상 연골 파열

"이종성 씨의 **업무상 사고로** 신청한 반월상 연골 파열은 수평 파열로 산재 **불승인되었음을** 알려 드립니다."

종성 씨는 조선소에서 13년째 용접 업무를 하고 있는 44세 남성 근로자이다. 배를 만들기 위해서는 기본적으로 큰 철판을 용접해 연결해야 한다. 종성 씨는 용접 작업을 위해 무거운 장비를 들고 배 안 이곳저곳의 좁은 공간을 비집고 들어가 무릎을 꿇거나 쪼그린 상태로 용접을 해 왔다. 사실 종성 씨는 3년 전에 일하다 높은 곳에서 내려오던 중 무릎을 삐끗했다. 그 이후부터 오른쪽 무릎이 좋지 않았다. 무릎을 움직이면 아프고 소리가 나고 불안정했다. 특히 무릎을 굽히면 무릎 안쪽이 많이 아팠고 일이 끝나고 나면 오른쪽 무릎이 뜨겁고 아팠다. 관리자에게 무릎 상태를 설명하고 부서 이동 요청을 했지만 다른 업무도 별반 다르지 않았다. 그리고 어느 날 한참 용접을 하고 장비를 들고 일어서는 순간 오른쪽 무릎이 돌아가 버렸다. 종성 씨는 인근 병원에서 MRI 촬영을 하고 우측 무릎 반월상 연골 파열로 진단되어 정형외과에서 수술을 받고 재활 중이다. 그리고 산재 신청을 했다.

산재 신청은 근로자가 직접 근로복지공단에 신청할 수 있다. 산재 신청을 할 때 사업주(사장)의 동의나 확인은 필요 없다. 다만 산재 신청을 받은 근로복지공단은 사업주에게 이를 통보하고 사업주의 의견도 듣는다. 명확한 업무상 재해는 7일 이내 승인 여부가 결정되어 통보된다. 반면 사실 관계나 인과관계 확인이 필요한 경우에는 현장 조사, 특별진찰, 역학조사가 진행되므로 처리 기간이 많이 지연된다.

근로자는 산재신청 시 **산업재해보상보험 요양급여 신청서**를 정확히 작성해서 제출해야 한다. 아래 요양급여 신청서 서식을 살펴보면 크게 재해자 정보와 사업장 및 재해 관련 내용으로 나뉘어 있다. 재해자 정보는 그에 맞게 작성하면 되므로 어렵지 않다.

[별지 제2호서식] <개정 2019. 8. 12., 2020. 12. 29., 2021.12. 30., 2022. 12. 1., 2023. 7. 5.>

산업재해보상보험
요양급여신청서

※ 굵은 선 안은 필수 기재사항이므로 반드시 기재해 주시기 바랍니다. (앞 면)

| 접수번호 | | 접수일자 | | 처리기간 | 7일 |

재해자

- 성 명 (외국인은 외국인등록증상 영문명 대문자):
- 주민등록번호(외국인등록번호):
- 주 소:
- 휴대전화:
- 전화번호:
- 재해발생 일시: 년 월 일 시 분
- 채용일자: 년 월 일
- 출근시간:
- 퇴근시간:
- 직 종:
- 보험가입자(사업주)와의 관계
  - 사업주여부: [ ]해당없음 [ ]실제사업주(동업자포함) [ ]하수급사업주
  - 친인척여부: [ ]해당 없음 [ ]배우자 [ ]부모 [ ]자녀 [ ]형제자매 [ ]기타 친인척(   )
- 근로자유형: [ ]근로자 [ ]노무제공자 [ ]중소기업사업주 [ ]중소기업사업주 가족종사자 [ ]학생연구자 [ ]건강손상자녀 [ ]특수형태근로종사자('23.6.30. 이전 재해) [ ]현장실습생
- 신청 구분: [ ]업무상 사고 [ ]업무상 질병(진폐·CS2 포함) [ ]출퇴근 재해

사업장 및 재해관련 내용

- 사업장명:
- 사업주명:
- 연락처(☎):
- 사업장관리번호(이용개시번호, 플랫폼확물차주관리번호): □□□-□□-□□□□□-□ (사업개시번호:)
- 사업장 주소:
- 재해 발생 경위(별지사용 가능)
  ※ 작성방식: 어디에서(구체적 장소), 무엇을 하기 위해(작업내용, 목적), 무엇을 사용하여(작업도구, 취급물질), 어떻게 하다가(경위, 동작, 움직임), 어떤 이유 때문에 어떻게 재해를 당하였는지 작성하여 주시기 바랍니다.

① 위 재해와 관련하여 교통사고, 음주, 폭행 등의 사유로 경찰서에 신고(접수)된 사실이 있습니까? [ ]예 [ ]아니오
② 위 재해와 관련하여 119 또는 소방서에 구조구급·재난 신고(접수)된 사실이 있습니까? [ ]예 [ ]아니오
③ 위 재해와 관련하여 자동차 보험사에 사고를 신고한 사실이 있습니까? [ ]예 [ ]아니오

목격자가 있는 경우: 성명(   ), 연락처(   ), 재해자와의 관계(   )

재해 발생 후 현재 요양 중인 의료기관 전에 진료(치료) 받은 의료기관
- 의료기관명: 소재지:
- 의료기관명: 소재지:

< 요양급여신청 의료기관 대행 제출 위임(동의)장 >

본인은 요양급여 신청서를 아래 의료기관이 대행하여 근로복지공단(고용·산재보험토탈서비스(total.comwel.or.kr) 포함) 에 제출하는 것을 위임·동의합니다.

위임하는 자(신청인)   위임받는 자(의료기관)
(서명 또는 인)   (서명 또는 인)

※ 첨부서류 : 산업재해보상보험 요양급여신청 소견서(별지 제3호 서식)

위와 같이 업무상재해 인정 및 요양급여를 신청합니다.

년 월 일
신청인   (서명 또는 인)
대 리 인   (서명 또는 인)

〈산업재해보상보험 요양급여 신청서 서식〉

그런데 사업장 및 재해 관련 내용에는 주의해야 할 점이 있다. 먼저 신청 질병이 업무상 사고인지 업무상 질병인지 구분해야 한다. 그리고 재해 발생 경위는 가능한 한 자세하게 기술해야 한다. 근로자에게 생긴 질병이 왜 업무와 관련된 것인지를 별지를 사용해서라도 구체적으로 작성하면 좋다.

〈산업재해보상보험 요양급여 신청서 서식: 신청 구분, 재해 발생 경위〉

뒷면에 있는 산업재해보상보험 요양급여 신청소견서는 주치의가 작성한다. 간혹 산재 경험이 없는 의사의 경우 근로자의 상병을 추간판 변성 등으로 기입하는 경우가 있은데 변성은 질병이라기보다 노화에 의한 자연적인 변화로 산재 승인에 불이익이 될 수 있으므로 추간판 탈출증 등 정확한 진단명이 기입되었는지 확인이 필요하다.

[별지 제3호서식] <개정 2019. 8. 12., 2020. 12. 29.>

※ 해당란에 [√] 하고 기재하십시오. (앞 면)

산업재해보상보험 요양급여신청 소견서

① 성명(외국인은 영문명)	② 주민등록번호(외국인등록번호)	③ 재해일자 년 월 일

④ 재해 후 최초 진료개시	년 월 일 (:) [ ]본원 [ ]타 의료기관( )
⑤ 본원에 최초 도착일시	년 월 일 (:)
⑥ 내원방법	[ ]도보 [ ]구급차 [ ]구급차외 차량 [ ]기타( )
⑦ 재해자가 의료기관에 진술한 재해경위	
⑧ 재해로 인한 최초 증상 (환자가 진술하는 대로)	년 월 일 (:) 최초 발생 ⑨ 재해 당시 의식소실([ ]유 [ ]무)
	증상의 내용
⑩ 현재 환자가 호소하는 증상 (환자의 표현대로)	
⑪ 상병상태에 대한 종합소견 (주요 이학적 도수 검사 등) ※ 상세 소견은 별지 사용 가능	

⑫ 주요검사
[ ]X-Ray [ ]CT [ ]MRI [ ]MRA [ ]심장혈관조영술 [ ]Bone scan [ ]PET
[ ]초음파 [ ]내시경 [ ]관절경 [ ]근(신경)전도 [ ]폐기능 [ ]조직 [ ]적외선체열
[ ]정신상태 [ ]심리학적 [ ]기타·특이사항( )
※ 주요소견 기재 또는 결과지 첨부

⑬ 기존(기초)질환
고혈압([ ]유 [ ]무) 혈압약([ ]미복용 [ ]부정기복용 [ ]정기복용) 고지혈증([ ]유 [ ]무) 상병관련 가족력([ ]유 [ ]무)
당뇨([ ]유 [ ]무) 당뇨치료([ ]미복용 [ ]약물복용 [ ]인슐린) 결핵([ ]유 [ ]무) 간염([ ]유 [ ]무)
[ ]기타·특이사항( )
재해 전 본원에서 유사상병으로 치료를 받은 사실 여부 [ ]유 [ ]무
기타·특이사항(일시·시술명·부위·의료기관)

⑭ 상병명과 상병코드

상해코드	주/부/파생	상병코드(KCD기준)	세부상병명(확정진단 병명)

(상해코드) 두부(뇌/두개골/두피), 눈, 귀(내/외부), 안면부, 목, 팔, 손/손가락, 가슴/등, 허리, 엉덩이, 다리, 발/발가락, 복합부위, 순환기관, 호흡기관, 소화기관, 비뇨/생식기관, 신경계통, 복부, 전신, 기타 중에서 상병코드별 하나씩 기재
(주/부/파생) 주상병은 한국표준질병사인분류 지침서에 따라 주된 병태에 해당하는 하나의 상병코드에 대해서만 가능
(상병코드) 확진(최종) 진단명이 한국표준질병사인분류상 속하는 최하위 코드로 코딩하여야 하고, 병태의 외인을 설명하는 부연코드(대분류코드가 V, Y, Z인 것)는 산재보험에서는 사용하지 않으므로 상병의 병태에 해당하는 코드로 코딩
(오류예시) 하나의 상병으로 코딩할 수 없는 여러 상병을 하나로 표시하는 것, 질병 또는 손상에 의한 상병인지를 확인하지 않고 한국표준질병사인분류상 대분류 M코드를 손상으로(또는 S코드를 질병으로) 코딩

(210mm×297mm, 일반용지 60g/m²)

<산업재해보상보험 요양급여 신청소견서 서식: 앞장>

(뒷 면)

⑮ 입원	예상기간	년 월 일 ~ 년 월 일 (주)
	사 유	[ ]수술 [ ]의식장애 [ ]외·기기고정 [ ]석고붕대고정 [ ]절대안정 [ ]안정 및 보호 [ ]이동불가 [ ]기타
⑯ 통원	예상기간	년 월 일 ~ 년 월 일 (주)
	사 유	
	취업치료 여부(근무 병행치료)	※ 취업치료(근무 병행치료)는 치료받으면서 근무가 가능한 상태를 말함(의학적 판단) [ ] 취업치료가능 [ ] 취업치료 불가능 : 향후 ( )개월 후 가능성 재판단
⑰ 수술	수술여부	[ ]없음 [ ]있음 수술명
	수술(예정)일	년 월 일 수술의료기관 [ ]본원 [ ]타원( )

⑱ 계속 동반 치료가 필요한 기존질환명

⑲ 집중재활치료의 필요 구분	(※재활인증의료기관에서 제공하는 전문재활치료로서 발병일 또는 수술일로부터 ㉮6개월 이내의 뇌혈관, ㉯3개월 이내의 척추·견관절·주관절·완관절·수부·고관절·슬관절·족관절·족부질환자, ㉰해당기간 도과했으나 재활치료 효과가 기대되는 사람에게 제공, 단, 염좌, 타박상 등 경미한 상병은 제외) [ ] 일정기간 집중재활치료 곤란 [ ] 3개월 이내 치유 또는 13급 이하의 장해 예상 [ ] 집중재활치료 필요(또는 예정) [ ] 집중재활치료 질환자 아님 [ ] 상태 악화 또는 수술 예정 [ ] 집중재활치료 불필요 ( )

협진, 병행진료가 필요한 진료과목		심리상담 필요 (개인별 심리상담 지원)	[ ]필요

의료 기관 변경	변경할 의료기관명:	소재지:
	의료기관 변경사유:	
	※의료기관 변경이란 생활근거지 또는 전문적 치료 등을 위해 현재 요양 중인 의료기관에서 다른 의료기관으로 변경하는 것을 말합니다.	
	의료기관 변경(예정)일자	년 월 일

<첨부서류>
1. 신청 상병을 확인할 수 있는 각종 검사자료 및 결과지 각1부.
2. 절단, 화상, 좌멸창, 욕창은 환부 칼라사진
3. 정신질환의 경우 진단의 근거를 의학적으로 입증할 수 있는 응급진료 또는 초진기록지 등 의무기록 및 각종 검사 결과지 각1부.(뇌영상 검사, 뇌파 검사, 심전도 검사, 정신상태 검사, 심리학적 검사, 갑상선 기능검사 등)

위에 기재한 내용이 사실임을 확인합니다.

년 월 일

의료기관 주소:
전화번호:
팩스번호:
의료기관명: (서명 또는 인)

■ 산재관리의사 여부: [ ]산재관리의사 [ ]해당없음
의사면허번호: 호
전문과목: (전문의: 호)
성 명: (서명 또는 인)

근로복지공단   지역본부(지사)장 귀하

자문의사 소견

년 월 일   자문의사명   (서명 또는 인)

(210mm×297mm, 일반용지 60g/㎡)

<산업재해보상보험 요양급여 신청소견서 서식: 뒷장>

산업재해보상보험법 제40조(요양급여) 제3항에 의거하여 부상 또는 질병이 3일 이내 요양으로 치유될 수 있으면 요양급여를 지급하지 않는다. 따라서 근로자는 4일 이상 요양이 필요한 질병에 대해 산재를 신청할 수 있다. 간혹 근로자들에게 이를 설명하면 4일 미만으로 다친 것은 산재가 아니냐며 화내는 경우가 있다. 이는 4일 미만의 비교적 경미한 직업병은 사업주로 하여금 직접 요양 보상을 하게 하여 산재 근로자가 신속하게 보상을 받도록 하기 위함이다. 기본적으로 산업재해보상보험법은 무과실 책임주의 원칙으로 사업주의 잘못이 없더라도 근로자의 산재에 대한 보상을 사업주가 해야 한다. 여기서 요양은 단순한 휴식이 아닌 치료를 위해 일을 쉬어야 하는 것으로 입원이 아닌 외래 치료도 해당한다. 산업안전보건법 시행규칙 제73조(산업재해 발생 보고 등)에 의거, 사업주는 휴업 일수 3일 이상의 산재가 발생한 경우 1개월 이내 산업재해조사표를 작성하여 관할 지방고용노동관서에 신고해야 한다.

산재가 승인되면 산재 근로자는 요양급여, 휴업 급여, 장해 급여, 간병 급여, 상병 보상연금, 유족 급여, 장의비 등 다양한 보상을 받는다. 병원에서 진찰, 검사, 치료, 수술, 재활, 간호, 이송에 쓴 비용이 요양급여이다. 기본적으로 근로복지공단이 지정한 산재 지정 의료기관에 입원하여 치료를 받아야 한다. 산재 지정 의료기관은 근로복지공단 홈페이지 산재지정 의료기관 찾기에서 확인할 수 있다.[42] 산재

---

42) 근로복지공단 홈페이지: 산재지정 의료기관 찾기.

로 인한 요양으로 일을 하지 못한 기간 동안에는 평균 임금의 70%를 휴업 급여로 받는다. 평균 임금은 산재가 발생한 날 이전 3개월 동안 근로자 월급 총액을 총일수로 나누고 일수로 계산해서 주는데 통상 임금[43]보다 높다.

산재 치료 후에 장해가 남게 되면 장해 판정을 받게 되고 장해 등급에 따라 노동력 상실에 대한 보상인 장해 급여와 상병 보상연금을 받는다. 산업재해보상보험법(산재보험법) 제5조에 의한 장해란 업무상 사유로 부상 또는 질병이 치유되었으나 정신적 또는 신체적 훼손으로 인하여 노동 능력이 상실되거나 감소된 상태를 말한다.[44] 장해 등급은 가장 심한 제1급에서부터 가장 경한 제14급으로 분류한다. 장해 등급 평가는 기본적으로 산재 요양 이후 증상이 고정된 상태에서 수행하는데 해부학적인 장해 부위와 생리학적인 장해 계열을 구분하여 노동력 상실 정도에 따라 좌우 신체 별개로 판단한다. 그리고 계열을 달리하는 신체장해가 2가지 이상 있을 경우 더 심한 쪽의 등급으로 장해 등급을 인정하며(조정), 신체장해 등급표상에 질환이 속하지 않으면 유사한 신체장해에 준해서 등급을 정한다(준용). 구체적인 장해 급여 기준은 산업재해보상보험법 제57조(장해급여), 산

---

43) 통상임금은 정기적, 일률적으로 근로에 대하여 지급하기로 정한 시간급 금액으로 해고 예고 수당, 연장근로 가산수당, 연차 유급휴가 수당, 법정 휴일 중 임금 계산 시 기준이 된다(출처: 근로보호법, 김엘림 등, KNOU PRESS).

44) 참고로 장애인차별 금지 및 권리구제 등에 관한 법률(장애인차별금지법) 제2조 (장애와 장애인)에 의하면 장애는 신체적, 정신적 손상 또는 기능 상실이 장기간에 걸쳐 개인의 일상 또는 사회생활에 상당한 제약을 초래하는 상태를 말한다.

업재해보상보험법 시행령 제53조(장해등급의 기준 등)에 의한다. 근로자가 산재로 사망한 경우 유족 급여, 장의비도 지급된다.

산재로 승인되어 치료를 받게 되면 당연히 이에 대한 요양급여를 받는다. 산재와 관련 없는 질환을 산재 요양 기간 동안 동시에 치료를 받은 경우 또는 의료 보험에 해당되지 않는 비급여 진료를 받는 경우에는 그 비용을 환자가 스스로 지불해야 한다. 그런데 현실적으로 비급여 진료 항목이 많고 산재 치료 과정에서도 어쩔 수 없이 비급여 의료비가 발생한다. 예를 들어 절단 혹은 화상 환자의 경우 비급여 의료비가 전체 의료비의 30% 이상이며 상급 병원에서 진료를 받는 경우 MRI, 상급 병실료 등 추가로 발생하는 비용이 많이 발생한다. 이런 경우를 대비해 근로복지공단은 1999년부터 **개별 요양급여 제도**를 운용하고 있다. 요양 중 발생한 비급여 진료가 산재 근로자의 진료에 필요하다고 판단된 경우 개별 요양급여를 신청하면 심의 후 의료기기, 치료 재료, 약제, 수술, 검사, 재활보조기, 치과보철 등 비급여 진료비를 지원받을 수 있다. 또한 산업재해보상보험법 제41조의2(요양급여 범위 여부의 확인 등)에 의거, 산재보험 **진료비 본인부담금 확인제도**가 수행되고 있다. 2021년 6월 9일부터 근로복지공단은 산재근로자가 부담 부담한 진료비용이 산재보험 요양급여에 해당하는지를 확인할 수 있으며 과다한 본인부담금이 있는 경우 의료기관에서 30일 이내에 산재근로자에게 직접 환불 통지를 해야 한다.

그런데 종성 씨의 산재 신청은 승인되지 않았다. 통지서에는 아래와 같이 적혀 있었다.

"이종성 씨의 **업무상 사고로** 신청한 반월상 연골 파열은 수평 파열로 산재 **불승인**되었음을 알려 드립니다."

종성 씨는 억울했다. 태어날 때부터 건강했고 평생 병원 치료를 받은 적도 거의 없었다. 일하면서 무릎이 나빠진 것뿐이다. 수소문 끝에 회사 특수건진 병원 직업환경의학과에 방문할 수 있었다. 종성 씨는 미리 요청받은 의무기록, MRI 영상 자료 및 판독지, 업무 동영상, 근골격계 유해요인 조사표, 산재 불승인 사유서를 지참해서 직업환경의학과 외래에 방문했다. 그리고 업무관련성평가를 받았다. 5장으로 되어 있었는데 뭔가 도움이 될 것 같은 느낌이었다. 의사는 MRI에서 확인되는 반월상 연골이 수평으로 찢어져 있어서 산재 신청 시 업무상 사고가 아닌 업무상 질병으로 신청해야 한다고 요점을 이야기해 주었다.

업무관련성평가는 근로자의 질병 원인이 업무로 인해 발생한 것인지 평가하는 것으로 주로 직업환경의학과 전문의가 작성한다.[45] 근로자는 산재 신청 시 사업장, 특수건진 기관 또는 근로자건강센터에 있는 직업환경의학과 전문의를 만나 업무관련성평가를 받는 것

---

45) 사업장 근로자의 업무 관련성평가 기본지침, KOSHA GUIDE H-194-2021.

이 좋다. 업무관련성평가서는 주로 직업환경의학과 전문의가 작성한다. 업무관련성평가서가 산재 신청에 필수 자료는 아니다. 다만 직업환경의학과 전문의들이 산재 승인을 결정하는 업무상 질병 판정 위원회(질판위)에 많이 참여하고 있기 때문에 이와 관련하여 비슷한 견해를 갖는 경우가 많다. 또한 일반적으로 산재 승인이 되지 않는 사례의 경우에는 미리 상황 파악을 할 수 있어 산재 신청 근로자의 시간과 감정 소비를 조금이나마 줄일 수 있다. 또 하나의 팁은 근로자가 자신의 산재 승인을 결정하는 질판위에 참가하여 자신의 질병이 직업병임을 직접 호소할 수 있다.

반월상 연골(meniscus)은 무릎의 원활한 움직임을 돕고 충격을 흡수하는 쿠션 역할을 하는 무릎 관절 안에 있는 반달 모양의 연골 조직이다. **반월상 연골 파열**은 이 연골이 찢어진 것을 말한다. 반월상 연골 파열의 위험요인은 고령, 비만, 오르내리기(climbing), 무릎 꿇기(kneeling), 중량물 들기(lifting), 쪼그려 앉기(squatting) 등이다. 반월상 연골 파열은 아래와 같이 외상성과 퇴행성으로 구분한다.

1) 외상성 반월상 연골 파열

: 업무 또는 스포츠 활동 시 무릎이 땅에 고정된 굴곡 상태에서 큰 회전 운동이 가해지면 발생하는데 주로 반월상 연골 수직으로 **파열**(longitudinal tear)된다.

2) 퇴행성 반월상 연골 파열

: 고령 또는 무릎을 굽히거나 쪼그려 앉는 동작을 반복한 경우 발생하는데 주로 반월상 연골이 수평으로 파열(horizontal tear)된다.

반월상 연골 파열의 진단에서 MRI 영상 진단 검사는 매우 중요하다. 반월상 연골 파열을 MRI로 확인하며 찢어진 모양에 따라 방사형, 양동이 손잡이형, 앵무새 주둥이형, 수평형, 후방 골기시부, 퇴행열 파열 등으로 구분할 수 있다. 이를 크게 수직 파열과 수평 파열로 구분한다.[46] 일반적으로 외상성 반월상 연골 파열은 수직 파열, 퇴행성 반월상 연골 파열을 수평 파열되는 것으로 보고되고 있다. 따라서 산재 신청 시 수직 파열 시에는 업무상 사고, 수직 파열 시에는 업무상 질병으로 신청하는 것이 유리하다.

무릎과 관련한 근골격계 부담작업은 무릎 꿇기(하루 1시간 이상), 쪼그리기(하루 1시간), 오르내리기(하루 10층 이상), 걷기, 운반(10kg 이상 중량물 주 10회 이상, 하루 1.6시간 이상), 무릎 또는 발목 비틀림, 출발/정지 반복 또는 불안정한 자세, 움직임 제한 좁은 공간에서 과도한 무릎 굴곡, 충격, 뛰어내리기, 운전(하루 4시간 이상) 등이다. 영국에서 20~59세 사이의 남성 1,404명을 대상으로 한 연구에서 업무와 관련한 반월상 연골 파열은 하루에 1시간 이상 무릎을 대고 기어다니는 작업에서 2.5배(OR 2.5, 95% CI 1.3~4.8), 하루에 1시간 이상 쪼그려 앉아 있는 작업에서 2.5배(OR 2.5, 95%

---

46) 업무상 반월상 연골파열, 김수근, 직업성 근골격계질환9.

CI 1.2~4.9), 무릎으로 기거나, 쪼그려 앉아 있다가 일어서는 횟수가 하루에 30회 이상인 경우 1.9배(OR 1.9, 95% CI 1.0~3.8), 무릎으로 기거나, 쪼그려 앉는 작업과 연관된 직업의 경우 그 위험이 2.3배(OR 2.3, 95% CI 1.1~4.8) 증가하는 것으로 보고되었다.[47)48)]

종성 씨의 경우 오른쪽 무릎 MRI에서 전방 십자인대 퇴행성 변화를 포함한 반월상 연골의 수평 파열이 확인되었다. 또한 업무 동영상 및 근골격계 유해요인 조사 결과에서도 조기 개선이 필요한 무릎 근골격계 부담작업이 상당수 확인되었다. 종성 씨는 지속적인 무릎 부담작업으로 무릎 주변 인대의 퇴행이 진행되었고, 무릎 불안정 및 통증이 있는 상황에서 지속적인 무릎 부담작업으로 인해 반월상 연골 파열이 진행된 것으로 추정된다. 종성 씨의 반월상 연골 파열은 중량물을 들고 좁은 공간에 무릎을 굽히거나 쪼그리고 앉은 상태로 용접을 하는 작업을 10년 넘게 지속하면서 생긴 직업 관련 질병이다. 시간은 오래 걸렸지만 결국 종성 씨의 반월상 연골 파열은 산재로 승인을 받았다.

"이종성 씨의 업무상 질병으로 신청한 반월상 연골 파열은 수평 파열로 산재 승인되었음을 알려 드립니다."

---

47) Osteoarthritis and meniscus disorders of the knee as occupational diseases of miners, McMillan G, et al., Occup Environ Med, 2005.
48) Occupation-related squatting, kneeling, and heavy lifting and the knee joint: a magnetic resonance imaging-based study in men, Amin S, et al., J Rheumatol, 2008.

참고) 대퇴골두 무혈성괴사

한 근로자의 산재 신청을 위한 업무관련성평가를 의뢰받았다. 근로자에게 직접 전화를 걸어 신청 질병 상병과 업무에 대한 간략히 물어보았고 관련 의무기록, 영상 자료, 주치의 소견서, 사업장 근골격계 유해요인 조사 결과를 가지고 약속 시간에 맞춰 직업환경의학과 외래로 방문하라고 전했다. 이후 찾을 수 있는 관련 논문과 산재 승인 사례를 검토했다.

그 40대 생산직 근로자는 대퇴골두 무혈성괴사를 진단받고 산재를 신청했다. **대퇴골두 무혈성괴사(Avascular Necrosis of the femoral head, AVN)**는 엉덩관절(고관절)에 있는 대퇴골두에 혈액 순환이 잘되지 않아 조직이 죽는 질환이다. 환자는 엉덩관절 부위 통증과 더불어 점점 엉덩관절을 움직일 수 있는 범위가 감소하고 걸음이나 양반다리를 하는 것이 힘들어진다. 대퇴골두 무혈성괴사는 정형외과 의사의 문진, 신체진찰과 함께 X-ray, CT, MRI와 같은 영상 진단 검사의 도움을 받아 진단하며 약물, 시술, 수술 등으로 치료한다.

대퇴골두 무혈성괴사는 고령, 유전, 흡연, 음주, 장기간 스테로이드 약물 사용, 엉덩관절 부위 외상, 골절. 탈구, 겸상적혈구 빈혈증, 혈전증, 류머티즘 질환, 결체조직 질환, 만성 췌장염, 장기 이식, AIDS 등 복합적인 원인으로 발생한다. 직업적으로는 심해 잠수, 고도 비행, 방사선 노출에 의해 그 위험이 증가한다.[49)50)51)] 대퇴골두 무혈성 괴사는 발병 원인에 의해 외상성과 비외상성으로 구분한다. 일하다 사고로 엉덩관절 부위를 다친 외상성의 경우 산재로 승인될 수 있다. 반면 질환으로 인한 비외상성 대퇴골두 무혈성 괴사는 업무 관련성을 과학적으로 증명하기가 어렵다. 직업적으로 쪼그려 앉기, 높은 곳에서 자주 뛰어내리기, 중량물 들기와 같은 근골격계 부담작업이 상당하거나 오랜 심해 잠수로 압력 손상이 지속된 경우에는 산재로 승인될 수 있지만 일반적인 작업으로는 산재로 승인되기가 힘들다.[52)]

이번 업무관련성평가는 업무 관련성이 낮다고 판단하고 관련 내용을 근로자에게 설명했다. 의사는 업무관련성평가 시 근로자의 말을 믿을 수밖에 없지만 회사 측에도 연락을 하여 관련 사실 여부를 확인해야 한다. 간혹 근로자가 진술한 내용이 거짓이거나 근로자가 자신에게 유리한 자료만 제출하는 경우도 있다. 이번 근로자는 주 5

---

49) Osteonecrosis of the femoral head: an updated review of ARCO on pathogenesis, staging ang treatment, Jeremy T. Hines, et al., J Koran Med Sci, 2021.
50) 대퇴골두무혈성괴사의 원인 및 병리기전, 장준동, 대한고관절학회지, 2006.
51) Surgical approach in primary total hip arthroplasty: anatomy, technique and clinical outcomes, Stephen Petis, et al., Indian Journal of Orthopaedics, 2017.
52) 직업병심의위원회에서 토의한 업무상 질병 사례(2002년 하반기), 강성규, 산업안전보건공단.

일 이상 거의 매일 소주를 1~2병 이상 마시는 애주가였다. 우리나라 남성에서 대퇴골두 무혈성 괴사의 가장 중요한 원인은 술이다.

III.
직업성 중독 질환

5. 에어컨 부품 세척 작업자의 독성 간염

"트리클로로메탄 급성 중독, 중대재해 처벌법 시행 후 첫 직업성 질병"

하인리히(H. W. Heinrich)는 사고 발생 과정을 도미노(domino)에 비유했다.[53] 도미노는 일렬로 나란히 서 있기 때문에 하나가 쓰러지면 연속해서 모두 쓰러져 버린다(사고 발생의 연쇄성). 하인리히는 통계 분석을 통해 산업재해(산재)로 사망자(major injury) 1명이 발생하면 그 전에 같은 이유로 생긴 경상자(minor injuries)는 29명, 같은 이유로 부상을 당할 뻔한 무상해 사고자(no-injury accidents)는 300명 있었다는 법칙을 발견했다(**1:29:300 법칙**). 이는 사전에 예방할 수 있는 원인을 파악하고 수정하지 않거나 무시해 버리면 대형 사고로 이어질 수 있음을 의미한다. 반면 산재 발생의 원인을 미리 파악하고 제거하면 도미노가 연속해서 쓰러지지 않아 중대재해를 예방할 수 있다. 하인리히는 산재 사고의 원인 중 88%는 작업자의 불안전한 행동(위험장소 접근, 잘못된 복장 및 보호구, 잘못된 기구 사용, 불안전한 자세나 동작, 위험물 취급 부주의, 감독 불충분 등), 10%는 작업 환경의 불안전상 상태(기계 및 보호구 자체 결함, 생산

---

53) 직업환경의학(개정판), 대한직업환경의학회 편, 계축문화사, p.714.

공정 결함, 부적당한 조명, 온도, 습도, 소음, 배기, 경계 표시 결함 등), 2%는 어쩔 수 없이 불가항력적으로 발생한다고 하였다.[54]

하인리히가 제시한 재해 예방 4원칙은 아래와 같다.[55]

1) 예방 가능 원칙

: 원칙적으로 원인을 제거하면 재해는 예방 가능하다.

2) 원인 계기 원칙

: 재해 발생에는 반드시 원인이 있다.

3) 대책 선정 원칙

: 재해 예방을 위한 가능한 대책은 존재한다.

4) 손실 우연 원칙

: 재해의 결과로 발생한 손실과 그 정도는 우연으로 결정된다.

2022년 1월 27일 기업의 안전보건조치 강화를 유도하고 중대재해를 예방하기 위한 중대재해 처벌 등에 관한 법률(중대재해 처벌

---

54) Reviewing Heinrich: Dislodging two myths from the practice of safety, Fred A. Manuele, Professional Safety, 2011.
55) 산업안전기사, 최창률, 에듀윌, 2021, p.16~17; p.29~33.

법)이 시행되었다. **중대재해 처벌법** 제2조(정의)에 의하면 중대재해는 사망자 1명 이상 또는 동일한 사고로 6개월 이상 치료가 필요한 부상자가 2명 이상 또는 동일한 유해요인으로 급성 중독 등 직업성 질병자가 1년 이내 3명 이상 발생한 경우를 말한다. 중대재해 처벌법 제4조(사업주와 경영책임자 등의 안전 및 보건 확보 의무)에 의거하여 사업과 기관을 실질적으로 운영 관리하는 자는 재해 예방에 필요한 안전보건 관리체계를 구축하고 이행해야 한다. 그리고 재해 발생 시에는 재발 방지 대책을 수립하고 이행해야 한다. 만약 안전보건 확보 의무를 위반하여 중대재해가 발생하면 사업주와 경영 책임자가 처벌을 받게 되는데 근로자가 사망한 경우 1년 이상 징역 또는 10억 원 이하 벌금이 처해지며(그 외 7년 이하 징역 또는 1억 원 이하 벌금) 5년 내 재범 시 형이 1/2 가중된다.

2022년 6월 27일 한 에어컨 부품 제조사 대표가 중대재해 처벌법으로 처음으로 기소되었고 결국 징역 1년에 집행유예 3년의 처벌을 받았다.[56] 사업주는 부품 세척을 위해 트리클로로메탄(trichloromethane)이라는 독성 화학물질을 사용하는데도 불구하고 국소 배기 장치 설치 등 필수 산업안전보건법을 지키지 않아 근로자 17명에게 독성감염이 발생했기 때문이다.

트리클로로메탄은 클로로포름이라고도 불리는 약간 달콤한 냄새

---

[56] "[판결] '중대재해법 위반 첫 기소' 두성산업 대표 징역 1년·집행유예 3년… 위헌 신청은 기각", 홍윤지 기자, 법률신문, 2013년 12월 14일.

가 나는 무색의 휘발성 액체이다.[57] 과거 마취제로 사용된 물질인데 현재는 주로 냉각제, 약품, 고무, 드라이클리닝, 세척제로 사용된다. 트리클로로메탄은 주로 숨을 쉬면서 호흡기를 통해 인체로 흡수되며 입과 피부를 통해서도 일부 흡수될 수 있다. 트리클로로메탄이 몸으로 들어오면 주로 간에서 대사되어 소변으로 배출된다. 트리클로로메탄에 급성으로 노출되면 피부 자극, 구토, 취한 느낌, 마취 효과가 나타나고 고농도 노출 시간, 신장에 독성이 생기고 부정맥, 호흡부전으로 사망할 수 있다. 트리클로로메탄은 관리대상 유해물질로 지정된 물질이며 작업환경측정, 특수건강진단(특수건진) 대상 유해인자이다.

산업안전보건기준에 관한 규칙(안전보건규칙) 제1장(관리대상 유해물질에 의한 건강장해의 예방)에 의하면 유해물질은 크게 관리대상 유해물질과 특별 관리 물질로 구분된다. **관리대상 유해물질**은 근로자에게 상당한 건강장해를 일으킬 우려가 있어 이를 예방하기 위한 보건 조치가 필요한 물질이다. **특별 관리 물질**은 발암성 물질, 생식 세포 변이원성 물질, 생식 독성 물질 등 근로자에게 중대한 건강장해를 일으킬 우려가 있는 물질로 특별히 안전보건 관리에 더 신경을 써야 한다.[58]

---

57) 2023년 근로자건강진단 실무지침 제3권, 2023-산업안전보건연구원-966, p.336~339.
58) 참고로 허가대상 유해물질은 산업안전보건법 시행령으로 정해진 사용 허가가 필요한 유해물질이다.

물질안전보건자료(Material Safety Data Sheet, MSDS)는 화학물질에 대한 자세한 정보가 담긴 문서로 일반적으로 MSDS라고 부른다. 산업안전보건법 제110조(물질안전보건자료의 작성 및 제출)에 의거하여 화학물질을 제조하거나 수입하는 자는 화학제품과 제조 회사 정보, 유해성과 위험성, 구성 성분 명칭과 함유량, 응급 처치 요령, 폭발 화재 시 대처법, 누출 사고 시 대처법, 취급법, 저장법, 노출 방지법, 개인 보호구, 물리화학적 특성, 안전성 및 반응성, 독성 정보, 환경 영향, 폐기 시 주의사항, 운송에 필요한 사항, 법적 규제 현황, 그 밖의 참고사항, MSDS 번호 기입 정보 등을 작성하여 고용노동부장관에게 제출해야 한다.[59] GHS(Globally Harmonized System of classification and labelling of chemicals)는 화학물질의 분류 표시에 관한 국제기준이다. 산업안전보건법 시행규칙 부칙 제259호 및 화학물질의 분류·표시 및 물질안전보건자료에 관한 기준(노동부고시 제2009-68호)에 의거하여 2010년 7월 1일부터는 GHS 기준에 따라 MSDS를 작성해야 한다. 트리클로로메탄은 클로로포름, 삼염화 메테닐, 트리클로로포름, 삼염화 포밀, 염화 메테닐, 삼염화 메틸 등 다양한 이름으로 불린다. 화학물질은 비슷한 이름이라도 반응기나 화학식이 조금만 달라도 다른 물질이 되어 버린다. 따라서 어떤 화학물질의 정확한 이름을 정할 필요가 있고 이를 위해 CAS 번호를 사용한다. CAS 번호란 Chemical Abstract Service Register Number의 약자로 미

---

[59] 물질안전보건자료 작성 지침, KOSHA GUIDE W-15-2020.

국화학회(American Chemical Society, ACS)에서 특정 화학 구조나 물질에 부여한 고유번호이다. CAS 번호는 최대 10자리 숫자로 되어 있고 국제 기준으로 자리 잡고 있다. 산업안전보건공단 홈페이지에서 2만 종 이상의 MSDS를 확인할 수 있다.[60] 물질명 또는 CAS 번호로 검색하면 해당 물질의 물질안전관련 정보를 확인할 수 있다. 산업안전보건공단 홈페이지 MSDS 검색에서 트리클로로메탄(CAS 번호는 67-66-3)을 검색하면 아래와 같이 자세한 정보를 확인할 수 있다.

〈산업안전보건공단 홈페이지: MSDS 검색 예시〉

---

60) 산업안전보건공단 홈페이지: MSDS 검색.

관리대상 물질 또는 특별 관리 대상 물질과 같은 유해인자가 있는 사업장은 크게 작업환경측정, 특수건진, 보건관리 대행을 수행해야 한다.

1) 작업환경측정

: 산업안전보건법 제125조(작업환경측정)에 의거, 유해물질을 취급하는 상시 근로자 1인 이상을 고용하고 있는 사업장의 사업주는 작업환경측정을 해야 한다. 작업환경측정은 작업환경 실태를 파악하고 쾌적한 근무 환경을 조성하기 위한 것으로 소음, 고온, 분진, 가스, 유기용제, 중금속 등 190종 이상의 해당 유해인자가 있는 사업장의 사업주는 측정 계획을 수립하고 시료를 채취하고 분석 평가하는 것을 말한다. 작업환경측정 대상 유해물질은 현재 총 192종이며 해당 유해물질을 신규로 취급하거나 변경된 경우 30일 이내에 실시해야 하며 그 이후에는 6개월에 1회 이상 수행해야 한다. 단 임시적으로 또는 단기간 수행하는 작업에서의 측정에서 제외될 수 있다.

작업환경측정은 단위 작업장소에서 개인시료 포집을 원칙으로 수행한다. 단위 작업장소는 정상 작업을 수행하는 동일 노출 집단의 근로자가 작업하는 장소를 말한다. 작업환경 측정 결과 해당 유해인자의 노출기준을 초과하는 경우에는 주기가 3개월에 1회로 단축되며 반대로 1년간 공정 변화가 없고 최근 2회 작업환경측정 결과 노출기준 미만인 경우에는 주기가 1년에 1회로 연장될 수 있다.

사업주는 작업환경측정이 완료된 날부터 30일 이내로 지방고용노동관서에 보고서를 제출하여야 하며 관련 서류를 5년간 보존해야 하는 의무도 있다(특별 관리 물질과 허가대상 유해물질의 경우 30년간 보존). 작업환경측정을 하지 않은 사업주는 1,000만 원 이하의 과태료, 허위 보고한 경우 300만 원 이하의 과태료, 측정 결과 이상으로 시설 개선 등이 필요한 상황에서 적절한 조치를 하지 않는 경우 1,000만 원 이하의 과태료가 부과될 수 있다. 일반적으로 사업주는 작업환경측정 기관에 작업환경측정을 위탁하여 수행한다. 2023년 3월 15일 기준 전국의 작업환경측정기관은 총 195개이다.[61]

2) 특수건강진단(특수건진)

: 산업안전보건법 제130조(특수건강진단 등)에 의거, 상시 근로자 1인 이상을 고용하고 있는 사업주는 특수건강진단(특수건진)을 실시해야 한다. 특수건진은 근로자의 건강 이상을 조기에 발견하고 직업병을 예방하기 위한 것으로 작업환경에 소음, 분진, 유기용제 등 유해인자가 있는 경우 시행한다. 특수건진 대상 유해인자는 현재 총 181종으로 유기화합물 109종, 금속류 20종, 산 및 알칼리류 8종, 가스상 물질류 14종, 허가대상물질 12종, 금속가공유, 분진 7종, 물리적 인자 8종(소음, 진동, 방사선, 고기압, 저기압, 자외선, 적외선, 마이크로파 및 라디오파), 야간작업이다.

---

61) 작업환경측정기관 현황(23. 3. 15.), 고용노동부 산업보건기준과.

특수건진을 하지 않을 경우 사업주에게 1,000만 원 이하 과태료가 부과된다(1명 1차 위반 5만 원, 2차 위반 10만 원, 3차 위반 시 15만 원). 특수건진을 수행하는 병원 및 기관(특수건강진단 기관)도 정해진 법령에 따라 검진을 수행하고 30일 이내 결과를 사업장으로 송부해야 한다.

노출되는 유해인자에 따라 발생할 수 있는 건강 문제가 다르다. 예를 들어 소음에 노출되면 청력 저하가 생길 수 있고 금속가공유에 노출되면 접촉성 피부염과 기관지염이 생길 수 있다. 따라서 소음에 노출되는 경우 순음 청력 검사와 이경 검사를 하고 금속가공유에 노출되는 경우 피부 신체 진찰과 청진 및 폐기능 검사를 한다. 이와 같이 특수건진 검사 항목 및 주기는 유해인자에 따라 다르며 이와 관련한 근로자건강진단 실무지침[62]이 전문가 및 실무자에 의해 검토되어 주기적으로 개정되고 있다.

트리클로로메탄은 특수건강진단 유해인자이며 이에 노출되는 근로자는 1년에 1회 이상 혈액 검사(간수치), 소변 검사를 포함한 의사 진찰을 받는다. 일반적으로 사업주는 특수건강진단 기관에 특수건진을 위탁하여 수행한다. 2023년 8월 8일 기준 전국의 특수건강진단 기관은 총 256개이다.[63]

---

62) 근로자건강진단 실무지침, 2023-산업안전보건연구원-968.
63) 특수건강진단기관 현황(23. 2. 14.), 고용노동부 산업보건기준과.

3) 보건관리대행

: 산업안전보건법 제18조(보건관리자)에 의거하여 50인 이상의 상시 근로자를 고용한 사업주는 **보건관리자**를 선임해야 한다. 산업보건지도사, 의사, 간호사, 산업위생관리산업기사(또는 대기환경산업기사), 인간공학 기사 이상에 해당하는 사람이 보건관리자가 될 수 있다. 보건관리자의 업무는 작업장 순회점검 지도, 작업환경측정결과 사후관리지도, 근로자건강진단(특수건진) 사후관리지도, 직업병 발생 원인 조사 및 대책 수립, 건강 상담, 응급처지 지도, 보호구 선정 및 점검, 근로자 및 관리자 보건교육, 산업안전보건위원회 참석, 근골격계 부담작업 유해요인 조사, 뇌심혈관계 질병 발병위험도 평가, 직무스트레스 평가, 청력 보존 프로그램 등이다.

또한 산업안전보건법 시행령 제29조(산업보건의의 선임 등)에 의하면 보건관리자를 두어야 하는 상시 근로자 50명 이상의 사업장은 **산업보건의**(직업환경의학과 또는 예방의학과 전문의)를 선임해야 한다. 그러나 IMF 이후 기업활동 규제완화에 관한 특별조치법(기업규제완화법) 제28조(기업의 자율 고용)에 의거해 특별법 상위 원칙으로 사업주는 산업보건의를 채용하지 않아도 된다. 또한 제40조(안전관리 등의 외부 위탁)에 의거하여 사업주는 보건관리대행기관에 보건관리자 업무를 위탁할 수 있다. 일반적으로 중소형 규모의 사업장 사업주는 보건관리대행 기관에 보건관리를 위탁하고 있다. 2023년 11월 28일 기준 전국의 보건관리 전문기관은 총 140개이다.[64]

---

64) 보건관리전문기관 현황(23. 11. 28.), 고용노동부 산업보건기준과.

최근 집 앞에 있는 전봇대 위에 올라가 전선 관련 작업을 하는 근로자가 안전모를 비롯한 적합한 보호구를 착용하지 않고 담배를 입에 물고 전선을 만지는 모습을 봤다. 기본적으로 사업주가 근로자의 안전과 보건을 책임져야 하지만 산재 발생의 책임이 사업주에게만 있는 것은 아니다. 사업주는 적어도 산재 예방에 관련된 법적 기준을 지켜야 한다. 근로자 역시 사업주가 제공하는 안전보건 관리 규정 및 프로그램에 성실히 동참해야 한다. 책임 여부를 떠나 일하다 다치고 아픈 것은 결국 상대적 약자인 근로자 자신이다.

6. 주물 공장 근로자의 납 중독

"근로자건강센터에서 산업위생기사로 일하고 있는 강승민입니다. 특수건진 기관 요청을 받아 작은 주물 공장에 방문해 작업환경개선 교육을 하고 오는 길입니다."

승민 씨는 6년 차 **산업위생기사**이다. 산업위생기사는 작업장의 유해요인을 파악하고 유해물질을 측정하고 분석하여 그에 따른 대책을 찾고 이를 교육하는 산업보건에서 매우 중요한 업무를 담당한다. 승민 씨는 산업위생관리기사 국가자격증을 취득하고 처음 5년 동안은 작업환경측정 기관에서 근무했고 지금은 그 경험을 바탕으로 소규모 사업장의 보건관리를 위한 근로자건강센터에서 일하고 있다. 승민 씨는 지난주 특수건진 기관으로부터 선박용 부품을 만드는 주물 공장 근로자들의 혈액 내 납 농도가 지속적으로 높아 작업환경개선이 필요하다는 요청을 받고 그 공장에 방문했다.

산업재해(산재)는 소규모 사업장에서 더 많이 발생한다. 고용노동부의 2022년 산업재해 현황분석[65]에 의하면 산업재해는 전체 중 상시 근로자 5인 미만 사업장에서 29.48%, 5~9인 사업장에서 12.41% 발생했다. 규모가 큰 상시 근로자 500~999인 사업장의

---
65) 2022년 산업재해현황분석, 고용노동부, 산업안전보건정책과.

3.18%, 1,000인 이상 사업장의 6.33% 수치와 비교해 훨씬 더 많다. 전체 업무상 사고, 업무상 질환, 사망자는 주로 상시 근로자 10인 미만의 소규모 사업장에서 발생했는데 구체적인 수치는 각각 45.44%, 25.46%, 35.85%이다.

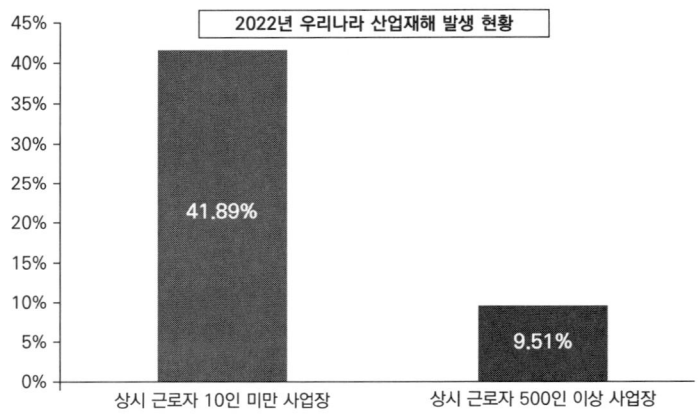

〈2022년 우리나라 산업재해 발생 현황〉

〈2022년 상시 근로자 10인 미만 사업장 산업재해 발생 현황〉

우리나라 산업보건 체계는 비교적 잘 갖추어져 있다. 상시 근로자 2,000명 이상의 대형 사업장은 사업장 내 부속 의원을 개설해 자율적인 종합 보건관리를 한다.[66] 실제로 국내 자동차 회사의 한 지방 공장은 직업환경의학과 전문의 3명을 포함하여 의사 6명을 고용하여 자체적으로 부속 의원과 특수건진을 비롯한 산업보건 업무를 수행하고 있다. 상시 근로자 300~2,000명 미만 중대형 사업장은 보건관리자 자격에 해당하는 의사, 간호사, 산업위생기사, 인간공학기사, 환경관리기사 중 1명 이상을 선임하여 보건관리 업무를 맡긴다. 상시 근로자 50~300명 미만 사업장은 보건관리자를 자체적으로 선임하기 어려운 경우가 많아 대부분 보건관리 전문기관에 일정 비용을 지불하고 산업보건 관련 업무를 위탁(보건관리대행)한다. 그런데 상시 근로자 50인 미만 사업장은 보건관리자 선임 의무가 없다. 따라서 보건관리자 자격을 갖추지 못했더라도 직원 중 한 명을 임의로 안전보건 담당자로 임명해 산업보건 업무를 시키고 있는데 사실상 제대로 되지 않는 경우가 많다. 실제로 산재는 소규모 사업장에서 주로 발생하고 있음에도 사각지대로 남아 있는 것이다. 이를 해결하기 위해 우리나라는 2011년부터 전국에 **근로자건강센터**를 설치하여 소규모 사업장의 보건관리를 돕고 있다. 근로자건강센터는 2007년 반월시화 산업단지에서 '지역산업보건센터'라는 이름으로 처음으로 4년간 시범적으로 운영되었고 현재는 이름이 근로자건강센터로 바뀌어 전국 23개와 분소 21개로 운영되고 있다. 근로

---

66) 직업환경의학(개정판), 대한직업환경의학회 편, 계축문화사, p.610~615.

자건강센터는 직업환경의학과 전문의(또는 예방의학과, 가정의학과 전문의)를 책임으로 산업 간호사, 산업위생기사, 물리치료사, 운동처방사, 상담심리사, 임상심리사 등의 전문가들이 협력하여 근무한다.[67] 상시 근로자 50인 미만 소규모 사업장 근로자는 근로자건강센터를 통해 직업병을 예방하기 위한 다양한 서비스를 무료로 받을 수 있다.

또한 재정이 열악한 소규모 사업장은 작업환경측정, 특수건진, 보건관리대행 등 산업보건 기초 제도를 이행하기 힘든 경우가 많다. 우리나라는 소규모 산업보건 취약 사업장을 발굴하고 도와 근로자가 깨끗하고 건강한 작업환경에서 일할 수 있도록 **건강디딤돌 사업**[68]을 수행하고 있다. 건강디딤돌 사업은 2022년까지 상시 근로자 30인 미만 사업장을 대상으로 했었는데 2023년부터는 50인 미만 사업장까지 그 범위를 넓혔다. 건강디딤돌 사업은 소규모 사업장의 작업환경측정과 특수건진 비용을 지원하는데 처음으로 작업환경측정을 하는 사업장은 비용의 전액을 지원(사업장당 100만 원 한도)하고 이후부터는 80%를 지원한다(사업장당 40만 원 한도). 특수건진은 상시 근로자 30인 미만의 경우 비용의 100%를 지원하고 30~50인 미만 사업장의 경우 80%를 지원한다. 그리고 공공 주택(아파트, 연립 주택, 다세대 주택, 기숙사 등)에서 야간작업을 하는 경비 또는 청소원을 사용하는 사업장은 규모에 관계없이 야간작업

---

67) 산업안전보건공단 홈페이지: 근로자건강센터.
68) 산업안전보건공단 홈페이지: 건강디딤돌.

특수건진 비용의 90%를 지원한다. 이 외에도 건설 일용직 근로자를 사용하는 경우 원청 건설공사 현장 공사금액이 50억 미만의 경우 특수건진 비용 전액, 50~800억 미만의 경우 70%, 800억 이상의 경우 60%를 지원한다.

승민 씨가 방문한 주물 공장은 사무직 직원 2명과 현장 직원 5명이 근무하고 있는 소규모 사업장이다. 이곳은 건강디딤돌 사업의 지원을 받아 3년 전부터 작업환경측정과 특수건진을 수행하고 있었다. 산업안전보건법 시행규칙 제186조에 의거, 작업환경측정 대상 유해인자가 있는 사업장은 측정대상 사업장이 된 날부터 30일 이내 작업환경측정을 하고 그 후 6개월에 1회 이상 정기적으로 작업환경측정을 해야 한다.[69] 이 사업장의 최근 작업환경측정 결과에서 작업장 유해인자는 소음, 고열, 구리, 산화아연, 납, 주석, 규산, 구리 등이 있었는데 이 중 납이 노출 허용기준($0.05\,mg/m^3$)을 초과했다.

납에 노출되는 작업환경에서 일하는 근로자는 일하기 전(배치 전) 그리고 1년에 1회 이상 특수건진을 받아야 한다.[70] 납 특수건진은 혈액 검사, 소변검사와 혈액 중 납 농도 검사를 수행하고 의사의 진

---

[69] 산업안전보건법 시행규칙 146조(임시 작업과 단시가 작업)에 의거하여 일시적으로 행하는 작업 중 월 24시간 미만인 임시 작업(다만, 월 10~24시간 미만 작업을 매일 하는 경우 제외)과 관리대상 유해물질 취급에 소요되는 시간이 1일 1시간 미만인 단시간 작업(다만, 1일 1시간 미만 작업을 매일 하는 경우 제외)은 작업환경측정에서 제외된다.

[70] 작업환경측정 결과 납 농도가 노출기준 이상이거나 납에 의한 직업병 유소견자가 발견되는 경우 6개월에 1회 이상으로 특수건진 주기가 반으로 짧아진다.

찰과 상담을 받는다.[71] 미국 국립산업 안전보건 연구원(National Institute for Occupational Safety and Health, NIOSH)은 근로자의 혈중 납 농도를 10㎍/㎗ 미만으로 낮추도록 권고하고 있다. 만약 근로자의 혈중 납 농도가 30㎍/㎗ 이상일 때에는 연속하여 2회 이상 30㎍/㎗ 미만이 될 때까지 2개월마다 검사하여 납 노출 감소를 유도해야 한다.[72] 이 사업장의 첫 특수건진에서 모든 현장 근로자의 혈중 납 농도가 기준치(30㎍/㎗ 미만)를 초과하였고 한 근로자는 그 이후의 10차례의 추적 검사에도 불구하고 지속적으로 47~76㎍/㎗ 수준의 높은 혈액 중 납 농도를 보였다. 특수건진 의사가 사업주에게 연락하여 납 노출 감소를 위한 작업환경개선 조치 및 근로자 업무 제한을 요청했는데도 지켜지지 않았다. 근로자 역시 업무 제한 권고를 무시하고 생계유지를 위해 계속 일을 해야 했다. 결국 특수건진 의사가 근로자건강센터에 작업 환경 개선을 위한 도움을 요청했다.

주물(casting)은 금속을 높은 온도로 가열하여 녹여 형틀에 넣고 굳혀 원하는 모양으로 만드는 일이다. 주물은 크게 주철 주물, 주강 주물, 비철 금속 주물로 나누는데 철의 탄소 함유량이 2% 이상일 때를 주철, 2% 미만일 때를 강철, 주성분이 철이 아닌 경우를 비

---

71) 납과 그 무기화합물 노출 근로자의 건강관리지침, KOSHA GUIDE H-134-2021.
72) 2023년 근로자건강진단 실무지침 제2권 유해인자별 특수건강진단 방법 p224~226, 2023-산업안전보건연구원-967.

철 금속이라고 한다.[73] 이곳은 비철 금속 공장으로 청동(bronze)을 용광로에서 녹인 후 형틀에 주입하고 빼내 기본 부품을 만들고 이후 그 표면을 그라인더로 연마하고 검사하여 조선소에 납품하는 곳이다.[74] 금속을 녹이는 용광로의 온도는 약 1,100℃이다. 잘못하면 큰 사고로 이어질 수 있기 때문에 주물 공장에 들어가면 저절로 조심스러워진다. 또한 공장 내에는 눈에는 보이지 않아도 다양한 유해물질이 존재한다. 청동은 구리, 망간, 알루미늄 등이 포함된 합금으로 제조할 때 납(lead, Pb)이 사용된다. 납은 비철 금속에서 가장 많이 쓰이는 금속 중 하나이다.

납은 연한 청회색 금속으로 납 제련, 축전지, 페인트, 탄환, 농약, 살충제 제조, 기계 정비, 광산, 납땜, 도금, 선박, 용접, 주물 등 다양한 작업환경에서 노출될 수 있다. 납은 보통 코나 입을 통해 인체로 들어와 호흡기(30~85%)와 소화기(10~15%)를 통해 흡수되어 혈액으로 이동한다. 납은 철, 칼슘, 비타민 D가 부족하거나 어린이, 임산부의 경우에는 체내로 더 잘 흡수되는데 태반을 통과해 태아에게도 도달하므로 특히 임산부에게 노출되지 않게 주의해야 한다. 납은 피에서 산소를 운반하는 적혈구(erythrocyte)와 친화성이 매우 높다. 피로 들어온 납의 95% 이상은 적혈구 막에 붙어 온몸으로 이동한다. 그리고 대부분은 뼈에 저장되었다가 조금씩 소변(75~80%), 대

---

73) 직업환경의학(개정판), 대한직업환경의학회 편, 계축문화사, p.297~300.
74) High lead exposure in two leaded bronze ingot foundry workers, Yoojun Song, et al., AOEM, 2014.

변, 땀, 털 등으로 배출된다.[75] 급성 납 노출의 반감기[76]는 4~6주인 반면 뼈에 축적된 납의 반감기는 10~30년이나 된다. 인체에 들어온 납은 거의 모든 장기에 영향을 준다.[77] 납에 노출되면 식욕 부진, 소화 불량, 복통, 두통, 어지러움, 망상적혈구[78] 증가 및 빈혈, 근력 약화, 관절통, 신부전, 우울, 불안, 혼수, 발작, 호르몬 교란, 불임 등이 발생할 수 있다. 납에 지속적으로 노출되면 잇몸에 검고 푸르스름한 선(Burton's line)이 관찰되거나 방사선 사진에서 뼈에 흰색 선이 관찰되기도 한다.

적혈구 막에 붙은 납은 삼투압을 증가시켜 적혈구를 위축시키고 혈색소(hemoglobin)를 만드는 효소 작용을 방해하여 빈혈을 유발한다. 혈구 세포를 현미경으로 확인하는 혈액 도말 검사에서 적혈구 속에 호염기 반점(basophilic stippling)이 보이는 것이 특징이다. 납은 뼈에서 칼슘과 비슷한 대사 작용을 하는데 다리뼈와 같은 긴 뼈 끝부분에 쉽게 침착해서 관절통을 일으킨다. 신장도 서서히 손상되어 요산염을 배설하는 것을 방해해 통풍 발작을 일으키거나 신

---

75) 직업환경의학(개정판), 대한직업환경의학회 편, 계축문화사, p.139~144.
76) 반감기(half-life)는 인체에 들어온 물질의 초깃값이 반으로 줄어드는 데 걸리는 시간이다.
77) Lead toxicity: a review, Ab Latif WANI, et al., Interdisciplinary Toxicology, 2015.
78) 망상적혈구(reticulocyte)는 덜 성숙한 아기 적혈구이다. 피에서 산소를 운반하는 역할을 하는 적혈구는 골수에서 망상적혈구로 만들어져 1~2일 정도 혈관에서 성장해 적혈구가 된다. 적혈구의 수명은 약 120일이다.

기능 저하로 인한 고혈압을 유발하기도 한다. 납은 말초 운동 신경에도 영향을 미쳐 팔다리에 힘이 빠지는 손목 처짐(wrist drop)과 발목 처짐(foot drop)이 발생하며 두통, 어지럼증, 불안, 졸림, 불면, 착란, 혼수 등의 신경계 증상도 유발 가능하다. 납 중독 시 특이하게 복통과 변비가 발생하는데 심한 경우 복벽이 경직되거나 배가 끊어질 것 같은 심한 산통(colic)이 되기도 한다. 납에 의한 복통의 원인은 불분명하지만 혈색소를 만드는 포르피린(porphyrin) 대사 장애와 관련된 것으로 추정된다.[79] 증상이 없더라도 혈액 중 납 농도 40㎍/㎗ 이상에서는 신경전도 검사에서 이상이 발견될 수 있고 70~80㎍/㎗ 이상에서는 신장이 망가져 신부전이 될 위험이 증가한다. 납 중독은 혈액 내 납, ZPP(zinc protoporphyrin) 농도 증가, 소변 내 ALA(aminolevulinic acid), 코프로포르피린(copro-porphyrin) 증가로 진단할 수 있다. 납 중독이 의심되는 경우 환자를 납으로부터 빨리 격리시켜야 하며 증상이 심한 경우에는 착화 치료(Calcium disodium EDTA, Calcium disodium versenate, BAL, DMSA, D-penicillamine)와 혈액 투석이 필요할 수 있다.

시간에 따른 체내 납 농도 변화에 관한 연구 결과[80]에 의하면 납 노출 후 혈액 내 납이 증가하다가 노출이 중지되면 다시 원상태로 회복된다. 그런데 흡연과 음주를 하는 경우 납이 인체에 더 오래 남는

---

79) 복통의 진단학, 민영일 외, 일조각, 2009.
80) 퇴직근로자의 혈장 중 납 농도와 생체지표간의 상관성 분석, 이성배, Korean Industrial Health Association.

다. 납 노출 사업장에서 근무하다가 퇴직한 사람들 66명을 대상으로 수행한 연구에서 퇴직 근로자 평균 혈액 내 납 농도는 226.06ng/L이었는데 흡연과 음주를 모두 하는 경우 424.03ng/L, 흡연만 하는 경우 445.8ng/L, 음주만 하는 경우 297.10ng/L, 모두 하지 않는 경우 201.26ng/L로 확인된다. 음주와 납 농도의 상관계수는 0.753, 흡연과 납 농도의 상관계수는 0.617로 모두 통계학적으로 유의미하게 상관($p<0.05$)이 있었다.[81] 따라서 납에 노출되거나 노출되었던 근로자는 흡연과 음주를 하지 않는 것이 좋다.

산업보건에서 납과 같은 유해물질 노출을 측정하고 평가하는 방법은 크게 외부 노출(external exposure)과 내부 노출(internal exposure) 평가가 있다. 외부 노출 평가는 작업환경측정과 같이 사업장 외부에 있는 유해물질 정도를 측정하는 것이다. 그런데 유해성(hazard)[82]이 높은 납이 작업환경측정에서 기준치를 초과하여 측정되었다고 해도 이것이 인체로 들어오지 않으면 큰 건강 문제는 생기지 않는다.[83] 따라서 납 노출 근로자의 실제 혈액 내 납 농도를 측정하는 것이 내부 노출 평가이다. 이것은 **생물학적 노출지표(Biological Exposure Index, BEI)**의 일종이다. 생물학적 노출지표 검사

---

81) 통계학적으로 상관 계수(r)는 -1에서 1까지의 범위에 있고 0에 가까울수록 선형 관계가 약해지고 1에 가까울수록 선형 관계가 강해짐을 의미한다.
82) 유해성(hazard)은 잠재적으로 손상을 줄 수 있는 어떤 것을 말하고, 위험성(risk)은 유해물질 노출로 인한 문제가 발생할 확률이다.
83) 플라스틱을 갈아 마시면 무슨 맛일까?—미세 플라스틱의 건강 장해, 박선욱, 지식과감성, p.67~68.

는 혈액, 소변, 날숨, 머리카락, 손톱 등 생체 시료를 이용하여 실제로 몸에 존재하는 유해물질을 측정하고 확인하는 것이다. 유해물질에 노출되면 여러 단계의 임상적 변화를 거쳐 병이 생긴다. 예를 들어 외부에 있는 납이 인체로 들어오면 혈액 내 납 농도가 증가하고 이를 대사하면서 발생하는 유해 대사물질에 의해 인체가 조금씩 병적으로 변하다가 결국 질병이 된다. 이 같은 사실을 바탕으로 생물학적 노출지표는 노출 생체 표지자(exposure biomarker), 효과 생체 표지자(effect biomarker), 감수성 생체 표지자(susceptibility biomarker)로 구분한다.[84)85)]

따라서 생물학적 노출지표 검사는 시료 채취 시기가 매우 중요하다. 생물학적 노출지표 검사는 정상 작업을 하고 있을 때 시행해야 하며 소변으로 검사하는 경우 시료 채취 2시간 전에는 소변을 보지 않도록 근로자에게 교육해야 한다. 생물학적 노출 표지 검사의 시료 채취 시기는 수시, 당일, 주말, 작업 전으로 구분한다.[86)]

---

84) Biomarkers of exposure, effects and susceptibility in humans and their application in studies of interactions among metals in China, Gunnar F Nordberg, Toxicol Lett, 2010.
85) The biological exposure indices: A key component in protecting workers from toxic chemicals, Michael S. Morgan, Environmental Health Perspectives, 1997.
86) 생물학적 노출지표 검사시료 채취 지침, KOSHA GUIDE H-216-2022.

1) 수시

: 하루 중 아무 때나 시료 채취를 해도 된다. 반감기가 길어 인체에 오래 남아 있는 유해물질을 측정하는 경우이다(혈액 중 납, 메트헤모글로빈 등).

2) 당일

: 당일 노출 작업 종료 2시간 전부터 직후까지 채취한다. 반감기가 짧아 인체에 잠시 남아 있는 유해물질을 측정하는 경우이다(소변 중 메틸마뇨산, o-크레졸 등). 특별히 일산화탄소는 작업 종료 이후 15분 이내, 불화수소[87]는 작업 전후 시료를 측정하여 그 차이를 비교한다.

3) 주말

: 4~5일간 연속작업 종료 2시간 전부터 직후까지 채취한다(혈액 중 수은, 소변 중 니켈 등).

4) 작업 전

: 작업 시작하기 전(노출 중단 16시간 이후) 채취한다(소변 중 수은 등).

---

87) 불화수소는 불산, 염화수소는 염산을 의미하는 같은 말이다. 반면 황화수소(hydrogen sulfide, H_2S)와 황산(sulfuric acid, H_2SO_4)은 다른 물질이다. 따라서 황화수소와 황산은 특수건진 검사 항목이 다르므로 주의해야 한다.

채취된 시료는 변하지 않게 하기 위해 혈액은 채취 후 즉시 또는 냉동하여 2일 이내 분석하여야 하며 원심 분리한 혈액의 맑은 부분인 혈장과 소변은 냉장 보관하였다가 검사해야 한다. 그리고 소변검사는 물질 종류에 따라 크레아티닌이나 요의 비중으로 보정 후 평가한다. 이와 같이 생물학적 노출지표 검사 결과는 작업환경측정 결과보다 근로자의 건강 문제와 관련한 더 직접적인 정보가 될 수 있지만 근로자의 과거병력, 작업 환경, 개인차에 따라 달라질 수 있고 검사 오류 및 윤리적 문제 등이 있을 수 있어 평가자에게 종합적인 판단이 요구된다.

사업장 유해인자의 노출 허용기준은 기본적으로 유해인자에 노출되는 거의 모든 근로자에게 건강상 나쁜 영향을 미치지 않는 수준으로 정한다. 생물학적 노출지표 기준치 역시 1주일에 40시간 작업하는 근로자가 고용노동부 고시에서 제시하는 작업환경 노출기준 정도의 수준에 노출될 때 생체 시료로 검출되는 수치로 정하고 있다. 그런데 동일한 유해물질에 노출된다 해도 개인마다 그 영향이 다르다. 이를 의학적으로 개인 감수성 차이가 있다고 표현한다. 예를 들어 꽃가루 알레르기가 있는 사람은 꽃가루 1g의 적은 양에 노출되어도 비염 증상이 생길 수 있지만 어떤 사람은 꽃가루 1㎏의 많은 양에 노출되어도 아무 증상이 없을 수 있다. 즉 사업장 작업환경측정에서 유해인자 노출 허용기준을 넘지 않았다고 해서 그것으로 인해 발생한 직업병 인과관계를 반증하는 증거로 사용될 수 없다. 반대로 노출 허용기준을 넘었다고 해서 노출된 근로자에게 반드시 직업병이 생기는 것이 아니며 직업병이 생길 가능성이 증가할 수 있는 정도로 이해해야 한다. 즉 사업장 유해인자 노출 허용기준은 과학적 근거를 기반으로 한 전문가들의 합의이다. 미국 산업안전보건공단(Occupational Safety and Health Administration, OSHA)에서 정하는 유해인자 노출 허용기준은 PEL(Permissible Exposure Limits)[88]이며 법적인 기준이 된다. 미국 국립산업 안전보건 연구원(National Institute for Occupational Safety and Health, NIOSH)에서 정하는 기준은 REL(Recommended Exposure Limits)이며 실제 산업현장에서 사용되는 권고 기준이 된다. 미국 산업위생협회(American Conference of Government Industrial Hygienists, ACGIH)에서 정하는 기준은 TLVs(Threshold Limit Values)로 세계적으로 가장 널리 사용되는 권고 기준이다.

우리나라도 산업안전보건법 시행규칙 145조(유해인자 허용기준) [별표 19]에 의거, 각각의 유해인자에 대한 노출 허용기준을 정하고 있다. 실제 사용되는 **유해인자 노출 허용기준**은 아래와 같다.

1) 시간가중 평균농도(Time Weighted Average, TWA)

: 1일 8시간, 주 40시간의 평균 농도로 거의 모든 근로자가 평상시 작업에서 반복적으로 노출되더라도 건강장해를 일으키지 않는 공기 중 유해물질 농도이다.

---

88) AL(Action Level)의 1/2 수준.

2) 단시간 노출농도(Short Term Exposure Limits, STEL)

: 근로자에게 질환을 일으키지 않고 단시간(15분) 동안 노출될 수 있는 농도이다. 고농도 유해물질로 인한 급성 중독을 예방하기 위해 사용하는 기준이다. 노출 간격 1시간 이상으로 STEL 미만의 유해물질에 노출되는 경우 하루 4회까지 노출이 허용된다.

3) 최고 허용농도(Ceiling, C)

: 작업 시간 동안 잠시라도 노출되면 안 되는 농도이다. 최고 허용농도 초과 시 즉각적으로 되돌릴 수 없는(비가역적) 반응이 생길 수 있어 항상 기준치 미만을 유지해야 한다. ACGIH는 TLV-TWA의 5배를 최고 허용농도로 권고하고 있다.

유해물질 대한 노출을 최소화하는 **작업환경개선 방법**은 크게 공학적(대치, 격리, 밀폐, 차단, 환기 등), 행정적(작업 시간 조정 및 교대근무, 작업 전환, 교육 등), 기술적(개인 보호구 착용 등) 방법으로 구분한다.[89] 실제적인 작업환경개선 방법은 간략히 아래와 같다.

1) 대치

: 작업장 공정, 시설, 물질을 인체에 덜 유해한 물질로 변경하는 것이다. 예를 들어 메탄올(methanol)을 인체에 덜 유해한 에탄올(ethanol)로 변경한다. 메탄올은 인체로 흡수되어 대사되면 포름알

---

89) 직업환경의학(개정판), 대한직업환경의학회 편, 계축문화사, p.48~51.

데히드(formaldehyde)⁹⁰⁾라는 유해물질이 된다. 반면 에탄올은 알코올음료(술)의 주성분으로 체내에 흡수되어 대사되면 아세트알데히드(acetaldehyde)⁹¹⁾라는 덜 해로운 물질이 된다.

그러나 현실적으로 유해물질을 대치할 수 없는 경우가 많다. 또한 대치할 수 있는 물질이 있더라도 비용이 높아 경제적인 이유로 현실적으로 실행이 불가능한 경우가 많다. 예를 들어 메탄올은 촉매를 이용하여 화학적으로 비교적 싸게 대량 합성이 가능하지만 에탄올은 사탕수수나 옥수수 등을 발효시켜 만들기 때문에 생산 비용이 더 든다. 그럼에도 우리나라는 2018년 1월부터 자동차 워셔액으로 주로 사용되던 메탄올 사용을 전면 중단하고 에탄올로 대치하도록 했다.⁹²⁾

2) 격리

: 유해물질이 작업자에게 노출되지 않도록 밀봉하거나 방호벽을 설치한다.

3) 환기

: 산업 환기 설비는 국소 배기 장치와 전체 환기 장치로 구분한

---

90) 포르말린은 포름알데히드의 35% 수용액이다.
91) 알코올은 간에서 알코올 탈수소효소(ADH)에 의해 아세트알데히드가 된다. 아세트알데히드는 아세트알데히드 탈수소효소(ALDH)에 의해 아세트산이 되고 최종적으로 물과 이산화탄소가 되어 배출된다. 아세트알데히드는 숙취의 원인이다.
92) "에탄올 vs 메탄올 무슨 차이일까?", 최서영 기자, 매경헬스, 2020년 5월 19일.

다.[93] 국소 배기 장치는 유해물질이 발생하여 작업환경 오염의 원인이 되는 발생원 주변에 후드, 덕트, 공기 정화 장치, 배풍기 및 배기구를 설치하여 처리하는 장치이다. 국소 배기 장치 설치가 어렵거나 유해물질의 유해성이 낮은 경우에는 자연적 또는 기계적 방법으로 작업장 내 유해물질을 희석, 환기시키는 전체 환기 장치를 설치한다.

4) 보호구

: 보호구는 외부의 유해물질을 차단하고 그 영향을 줄이기 위해 착용하는 기구이다. 안전모, 안전화, 안전장갑, 마스크(방진, 방독, 송기), 전동식 호흡 보호구, 보호복, 안전대, 보안면, 방음용 귀마개 또는 귀덮개 등이 있다.[94] 산업안전보건공단 산업안전보건인증원은 보호구를 평가하여 인증 마크를 부여하고 있다.[95]

5) 교육 및 훈련

: 작업장 유해인자의 종류, 특징, 건강장해, 적합한 보호구 착용, 안전보건 표시 등 산업보건 전반에 관한 교육을 한다.

6) 작업 환경 정비

: 일하는 곳을 정리하고 주기적으로 청소하고 작업복을 세탁한다.

---

93) 산업환기설비에 관한 기술지침, KOSHA GUIDE W-1-2019.
94) 현장 작업자를 위한 보호구의 종류와 사용법, 산업안전보건공단, 2013-교육미디어-1293.
95) 산업안전보건공단 홈페이지: 산업안전보건인증원.

승민 씨는 주물 공장 작업장을 순회하고 작업 환경을 점검했다. 작업장은 정리가 되어 있지 않았고 환기 설비는 없었다. 근로자들은 일을 할 때 보호구를 착용하지 않았고 휴식 시간에는 작업장 근처에서 커피를 마시며 담배를 피웠다. 승민 씨는 사업주를 만나 작업환경측정, 특수건진 결과를 설명하고 국소 배기 장치, 전체 환기 장치, 샤워 및 세탁 시설 설치 의무를 설명했다. 그리고 근로자 교육, 작업장 정리 및 청소 등 구체적인 작업환경개선 방법을 교육했다. 또한 근로자들을 만나 방진 마스크 착용, 작업장 근처에서 흡연 및 음식물 섭취 금지, 업무 후 샤워 및 근무복 세탁을 권고했다. 그리고 근로자건강센터에서 주기적으로 방문하여 작업 환경 개선에 도움을 주기로 했다. 이처럼 산업위생기사의 점검 및 교육이 중요하기 하지만 직업병 예방과 근로자 건강을 위한 작업 환경 개선에서 가장 중요한 것은 사업주, 근로자 모두의 의지와 실천이라고 할 수 있겠다.

7. 고깃집 식당 직원의 일산화탄소 중독

"제대 후 복학을 준비하고 있는 24살 김현규입니다. 아르바이트로 고깃집에서 일하고 있는데 숯 작업을 하던 중 쓰러져 응급실에 다녀왔습니다."

현규 씨는 대학생이다. 군복무를 마치고 복학하기 전 숯불 바비큐 식당에서 아르바이트를 하고 있다. 고기를 구우려면 우선 숯으로 불을 피우는 숯 작업을 해야 하는데 보기보다 쉬운 일은 아니다. 잘못하면 연기와 재를 뒤집어쓰게 된다. 보통 알바생은 홀에서 서빙을 하고 오래 근무한 직원은 숯 작업을 한다. 고깃집 알바는 조금 힘들긴 해도 시급이 좋다. 가끔 취해서 진상을 부리는 손님도 있지만 봐줄 만하다. 현규 씨는 고기도 잘 굽고 손도 빨라 일을 잘한다고 사장님이 좋아하는 직원이다. 연말이라 모임과 회식이 많아 단체 손님이 엄청 많은 날이었다. 사장님이 테이블에 놓일 숯의 불꽃을 살리는 숯 작업을 도와 달라고 했다. 손님이 너무 많아 정신없이 시간이 흘러갔다. 알바 시간이 거의 끝나 갈 무렵 마지막으로 숯을 점화하던 중 현규 씨가 갑자기 푹 쓰러져 버렸다. 그리고 119를 통해 응급실로 이송되었다. 응급실에 도착하자 혼미했던 현규 씨의 의식이 다행히 명료해졌다. 이후 병원에서 검사한 심전도, 뇌 CT, 동맥혈 가스 분석 결과는 정상이었으나 혈액 중 카복시헤모글로빈 농도(COHb)

는 35%로 증가해 있었다. 급성 일산화탄소 중독이었다.[96)97)]

일산화탄소(Carbon Monoxide, CO)는 색도 냄새도 없는 기체이다. 평범한 일상 속 공기 중에는 일산화탄소가 0.001% 미만으로 존재하지만 탄소를 함유하고 있는 유기물질을 태우면 불완전 연소로 인해 급격히 그 양이 증가한다. 대표적으로 화석 연료 사용, 자동차 배기가스, 건물의 화재, 캠핑용 스토브, 그릴 등의 실내 사용, 흡연 후 일산화탄소가 발생한다. 우리나라는 1980년대까지 난방과 취사를 위해 주로 연탄을 사용하였는데 연탄의 불완전 연소로 인해 발생한 일산화탄소에 중독되는 사례가 많이 있었다. 현재 연탄은 거의 사용하지 않지만 다른 경로를 통한 일산화탄소 중독 사례가 꾸준히 보고되고 있다.[98)] 직업적으로는 코크스 제조, 제철, 탄광, 주물, 운전, 콘크리트 보온 양생, 밀폐 공간 작업에서 일산화탄소에 노출될 수 있다.[99)]

일산화탄소는 직접적인 세포손상과 더불어 인체의 저산소증(hypoxia)을 유발한다. 일산화탄소는 보통 호흡기를 통해 인체

---

96) Carbon monoxide poisoning-induced cardiomyopathy from charcoal at a barbecue restaurant: a case report, Hyun-Jun Kim, AOEM, 2015.
97) 급성일산화탄소중독 환자의 동맥혈가스분석, 최정윤 외, 대한내과학회잡지, 1988.
98) 일산화탄소 중독 환자의 임상적 고찰, 안지영 외, 대한응급의학회지, 2003.
99) 밀폐공간 질식재해예방 안전작업 가이드, 고용노동부, 산업안전보건공단.

로 들어오는데 흡수된 일산화탄소의 80~90%는 산소 운반 역할을 하는 혈색소(hemoglobin, Hb)에 붙어 카복시헤모글로빈(carboxyhemoglobin, COHb)을 형성한다. 일산화탄소와 혈색소의 친화력은 산소와 비교해 200~250배 높다. 카복시헤모글로빈은 혈색소의 정상적인 산소 운반을 방해하고 인체의 중요 장기인 뇌와 심장에 저산소성 피로(hypoxic stress)를 준다. 한편 일산화탄소는 인체 내 질소산화물(nitric oxide) 생성을 증가시키고 초과산화기 라디칼(superoxide radical)과 결합하여 과산화질소(peroxynitrite)가 되어 세포 내 미토콘드리아의 호흡(세포 호흡)을 방해한다. 이 같은 저산소증은 일산화탄소 중독 시 급성 사망의 주된 원인이 된다. 또한 일산화탄소는 태반을 통과하는 물질이기 때문에 임산부에게 노출되면 태아에게 큰 영향을 줄 수 있으므로 특히 주의해야 한다.

급성 일산화탄소 중독 시 환자의 혈중 카복시헤모글로빈 농도에 따라 아래와 같이 증상이 달라진다.[100]

1) 5% 미만

: 특별한 증상은 생기지 않는다. 정상인에서도 0.3~1%까지 측정될 수 있고 흡연자의 경우 2~8%까지 측정될 수 있다.

---

100) 근로자건강진단 실무지침 제3권, 2023-산업안전보건연구원-968, p.564~568.

2) 10~20% 미만

: 운동 시 호흡곤란, 두통, 어지럼증이 생길 수 있고 시력, 뇌기능 저하, 심혈관 질환자에서는 심근경색 증상이 유발될 수 있다.

3) 20~30%

: 두통, 구역, 어지럼증, 호흡수 증가, 판단 장애, 세밀한 조작 능력이 감소한다.

4) 30~40%

: 구토, 의식 저하, 팔다리 힘 빠짐, 심장 기능 장애가 발생한다.

5) 40~50%

: 실신, 정신 착란이 발생할 수 있다.

6) 60~70%

: 의식이 없어지고 지속 시 사망한다.

일산화탄소는 체내에서 잘 대사되지 않고 주로 날숨을 통해 배출된다. 따라서 일산화탄소 노출 시 가능한 한 빨리 환자를 신선한 공기가 있는 장소로 대피시켜 노출을 중단해야 한다. 일산화탄소 노출 후 자연적으로 30분~3시간이 지나면 50%, 3~7시간이 지나면 90%가 체내에서 제거된다. 병원에서 100% 산소 치료(1기압)를 받으면 약 2시간 후 50%가 체내에서 사라지며 고압 산소 치료(3기압)를 받으면 더 빠르게 20분 후 50%가 제거된다.

우리나라는 전국적으로 지역응급의료센터 이상의 14군데 병원에서 고압 산소 치료 센터를 운영하고 있다. **고압 산소 치료(Hyperbaric Oxygen Therapy, HBOT)**는 최소 1.5기압 이상의 압력과 100% 산소 주입이 가능한 챔버(chamber)를 통해 환자에게 고농도의 산소를 흡입시키는 치료법이다. 고압 산소 치료는 일반적인 대기 환경과 비교해 환자의 혈장 내 산소농도를 10배 이상 증가시킬 수 있다.[101]

정상적인 혈액 상태에서 산소는 혈색소와 결합해 산소-헤모글로빈 형태로 운반되며 이런 결합 형태로 인해 완충작용이 생겨 외부 산소 농도가 60~10㎜Hg 변해도 일정한 산소 농도를 유지할 수 있다. 그런데 일산화탄소 중독으로 카복시헤모글로빈이 형성되면 이런 항상성이 깨져 저산소증이 유발된다. 고압 산소 치료는 카복시헤모글로빈 분해를 촉진하고 헤모글로빈 없이도 기초대사를 유지할 수 있는 충분한 산소를 인체에 공급할 수 있어 일산화탄소 중독 시 매우 유용한 치료가 된다. 반면 인체에 산소가 너무 많아도 산소 독성이 생긴다. 1기압에서는 혈액에 산소가 녹으면 산소용적 백분율이 증가하면서 경련이 생길 수 있다. 그러나 3기압을 초과하지 않

---

101) 서울특별시 서울의료원 홈페이지: 권역응급의료센터 고압산소치료.

는 2시간 미만의 고압 산소 치료는 산소독성을 일으키지 않는다. 이 같은 과학적 사실을 기반으로 산소독성을 예방하기 위해 30분 고압 산소 치료 후 5분 중단한다.

일산화탄소 중독은 노출 후 1시간 이내에 측정한 카복시헤모글로빈이 진단에 매우 중요하다. 일산화탄소 중독으로 인해 협심증, 폐부종, 부정맥이 생길 수 있으므로 증상에 따라 심전도(electrocardiogram, ECG), 흉부 X-ray, 심혈관 촬영술 등의 검사가 필요하다. 고압 산소 치료를 받을 수 있으면 좋지만 불가능한 경우라면 가능한 한 빨리 100% 산소를 투여하여 후유증을 감소시켜야 한다. 그리고 일산화탄소 중독 이후 뒤늦게 뇌부종, 운동 장애 등 지연성 뇌 손상이 생기는 경우도 있으므로 응급실 진료 이후에도 경과 관찰을 해야 한다.

일산화탄소에 노출되는 작업 환경에서 일하는 근로자는 1년에 1회 이상 특수건진을 받는다. 일산화탄소 특수건진은 흉부 X-ray, 심전도, 혈액 검사, 생물학적 노출지표 검사 중 카복시헤모글로빈 또는 날숨 중 일산화탄소 농도 측정 후 의사 진찰 및 상담을 받는다.[102] 카복시헤모글로빈과 관련한 생물학적 노출지표 검사는 채취 시기가 매우 중요하다. 혈액 검사 시에는 작업 종료 후 10~15분 이내 정맥 채혈해야 하며 날숨 검사 시에는 작업 종료 후 10~15분 이내 마지막

---

[102] 근로자건강진단 실무지침 제2권, 2023-산업안전보건연구원-967, p.303~304.

호기를 채취해야 한다.[103] 세계보건기구(WHO)에 의하면 혈중 카복시헤모글로빈 농도 정상에서 0.5%, 혈액 용혈 질환이 있는 경우 5%, 흡연자의 경우 10%까지 측정될 수 있다. 따라서 특수건진 의사는 흡연자와 비흡연자를 구별해 판정하는 것이 필요하다.[104]

식당 근로자의 경우 일산화탄소 중독뿐 아니라 식자재 보관, 운반 시 근골격계 부담작업, 냉동 창고 출입 시 저온 환경, 음식 조리 시 발생하는 유해물질과 고온 환경, 소음 등 여러 유해인자에 노출된다. 사업주는 조리 직종 근로자에게 안전보건과 관련한 교육을 실시하고 유해물질을 모니터링하고, 순환 근무, 휴식 시간, 휴게 장소를 제공해야 한다. 근로자 역시 근무 전후 주기적으로 스트레칭을 하고 적합한 보호구를 착용하고 안전과 건강에 유의하며 일해야 한다. 담배 연기에도 0.5~6%의 일산화탄소가 포함되어 있으므로 평소 금연하는 것이 필요하다.

---

103) 일산화탄소의 생물학적 노출지표물질 분석에 관한 기술지침, KOSHA GUIDE H-99-2021.
104) 예를 들어 비흡연자의 경우 3.5% 미만, 흡연자의 경우 9% 미만 시 정상으로 판정할 수 있다.

IV.
직업성 암

8. 정유 공장 실험원의 백혈병

"정유 실험실에서 근무하는 50세 문동춘입니다. 특수건진에서 피검사 결과가 이상하여 큰 병원에서 정밀 검사를 받았는데 백혈병으로 진단되었습니다."

동춘 씨는 22살에 한 정유 공장에 입사하여 25년 넘게 석유 관련 분석과 실험 업무를 하고 있다. 처음 입사하고 약 1년 동안은 보조원으로 직접 시료 채취를 했다. 이후 실험원이 되어 합성수지와 정유 분석과 관련한 실험 업무를 담당해 왔다. 과거에는 산업보건에 대한 개념이 부족해 제대로 된 환기 시설이나 보호구가 없었다.

우리가 사용하는 안경, 스마트폰, 옷, 넥타이, 가방, 구두, 바지 등 대부분의 물건은 석유로 만들어진다. 안타깝게도 우리나라에는 석유가 없어 산유국에서 원유(crude oil)를 수입해 가공한다. 추수한 쌀의 껍질을 벗기고 알맹이만 골라 여러 가공 단계를 거쳐야 최종적으로 상에 올라오는 밥이 되듯 원유도 여러 과정을 거쳐야 이용할 수 있다. 원유는 탄소 덩어리가 뭉쳐 있는 검은 기름이다. 원유를 가열해 끓이면 끓는점 차이에 의해 탄소 덩어리들이 LPG, 휘발유, 납사(naphtha), 등유, 경유 등으로 분리된다. 이것을 분별 증류(fractional distillation)라고 한다. 이후에 여러 공정을 거쳐 에틸렌, 프로필렌, 부타디엔, BTX(벤젠, 톨루엔, 자일렌), 합성수지 등을 얻을 수 있고 최종적으로 원하는 플라스틱, 섬유, 고무, 화장품, 비누, 농약, 의약품을 만들 수 있다. 동춘 씨가 하는 일은 더 효율적이고 순도 높은 정유 제품을 만들기 위한 실험과 품질 검사이다.

정유 분석 실험과 같이 **벤젠(benzene)**에 노출될 수 있는 작업 환경에서 일하는 근로자는 6개월에 1회 이상 특수건진을 받아야 한다. 동춘 씨도 특수건진으로 6개월에 1회 피검사(혈구세포, 간기능)와 소변 검사를 받아 왔다. 이전에는 계속 정상 판정을 받아 왔는데 작년 하반기 특수건진 결과에서 백혈구 수치가 낮게 나와 재검 명단에 올랐다. 2차 정밀 검사에서도 문제가 있다고 하여 서울에 있는 큰 병원 혈액내과로 올라갔다. 대학병원 의사는 뼈 안에 있는 골수를 채취해 확인하는 골수 검사를 해야 한다고 했다. 골수는 혈액 세포들을 만드는 공장인데 여기에 이상이 있는지 확인하는 것이다. 골수 검사실로 들어가 엎드려 있으니 한 의사가 들어왔고 소독을 하고 국소 마취를 하고 뼈를 뚫어 골수를 채취해 갔다. 그리고 백혈병으로 진단되었다. 이후 더 이상 생각하고 싶지도 않은 항암 치료를 수차례 받았다. 그리고 다행히 회복되어 회사 노동조합(노조)을 통해 산재 신청을 했다.

민법의 손해배상 제도 관점에서는 보상을 받고 싶어 하는 사람인 근로자가 자신의 질병이 직업병임을 증명해야 한다. 일반적으로 민사 사건에서 적극적 사실을 주장하는 자가 입증 책임을 진다(민법상

과실주의에 따른 입증책임 부담). 적극적 사실이란 어떤 사태가 존립하는 것을 알려 주는 명제[105]이다. 반면 소극적 사실은 어떤 사태가 존립하지 않는 것을 알려 주는 명제이다.[106] 예를 들어 "이 질환은 산재이다."는 적극적 사실이며, "이 질환은 산재가 아니다."는 소극적 사실이다. 적극적 사실인 "이 질환은 산재이다."는 직업적인 원인과 그 질환의 인과관계에 관한 명제를 확정하고 논증을 통해 참과 거짓을 논리적으로 증명할 수 있다. 반면 소극적 사실인 "이 질환은 산재가 아니다."는 기타 모든 것이 산재가 아님을 증명해야 하므로 실제적으로 어려운 일이다. 그러나 의학적, 법적 지식이 없는 상대적 약자인 근로자가 자신의 질환이 산재임을 증명하는 것은 현실적으로 불가능하다.

우리나라 헌법 제10조에 의거, 모든 국민은 인간으로서의 존엄과 가치를 가지며 행복을 추구할 권리를 가진다. 사회보장법은 국가가 국민의 인간다운 생활을 할 권리를 보장하기 위해 실시하는 법이다. 우리나라는 헌법에 기초한 사회보장기본법에 의거하여 출산, 양육, 실업, 노령, 장애, 질병, 빈곤, 사망 등 사회적 위험으로부터 모든 국민을 보호하고, 삶의 질을 향상시키는 데 필요한 소득, 서비스를 보장한다.[107] **사회보장**은 아래와 같이 사회 보험, 공공 부조, 사회 서비스로 구분한다.

---

105) 명제(proposition)는 참과 거짓을 판별할 수 있는 진술로 표현되는 내용이다
(출처: 헌법논증이론, 법논증이론, 이민열, 김도균, KNOU PRESS).
106) 헌법논증이론, 이민열, 김도균, KNOU PRESS.
107) 사회보장법, 김영림, 윤예림, KNOU PRESS.

1) 사회 보험

: 국민에게 발생하는 사회적 위험을 보험의 방식으로 대처하는 것으로 국민의 건강과 소득을 보장하는 제도이다.

2) 공공 부조

: 국가와 지방자치단체의 책임하에 생활 유지 능력이 없거나 생활이 어려운 국민의 최저생활을 보장하고 자립을 지원하는 제도이다.

3) 사회 서비스

: 도움이 필요한 모든 국민에게 복지, 보건의료, 교육, 고용, 주거, 문화, 환경, 재활, 돌봄, 정보 제공, 역량 개발, 사회참여 등을 지원하는 제도이다.

산업재해보상보험법은 산재 근로자의 소득 상실을 보전하고 요양, 재활을 도와 건강과 직업 및 사회 복귀를 촉진하기 위한 사회 보험이다.[108] 우리나라는 1964년 산업재해보상보험법이 제정되어 상시 근로자 500인 이상을 고용하는 대규모 광업 및 제조업에 처음으로 적용되었고 2000년 7월 1일부터는 상시 근로자 1인 이상 고용 사업장 근로자에 모두 적용되고 있다. 산재보험이 적용되는 근로자는 근로기준법 제2조 제1항 제1호에 의거, 직업의 종류를 불문하고 사업 또는 사업장에서 임금을 목적으로 근로를 제공하는 사람을 말한

---

108) 산업재해보상보험의 성격과 제한에 관한 판례연구, 박홍연, 법과 기업 연구 제7권 제2호.

다. 산업재해보상보험법은 무과실 책임과 배타적 구제를 원칙으로 한다.[109]

1) 무과실 책임(no-fault principle)

: 직원(근로자)이 일하다가 다치거나 작업장 환경의 유해인자 노출로 인해 질환이 생긴 경우 사장(사용자)과 직원 둘 모두의 잘못 여부와 관계없이 사장은 다치고 아픈 직원에게 치료 및 보상 혜택을 제공할 책임이 있다. 즉 사업주는 근로자의 업무상 사고 및 질병에 대한 신속하고 확실하고 예측 가능한 책임을 다해야 한다.

2) 배타적 구제(exclusive remedy)

: 산업재해보상보험법에 정해진 구제 조치 외 다른 법률에 따른 추가적인 구조 조치는 함께 인정하지 않는다. 산재를 당한 직원이 보상을 받게 되면 그 대가로 사장은 해당 직원에게 소송을 받을 책임에서 벗어난다. 그러나 형법상 업무상 과실치사상죄에 해당하거나 산업안전보건법 또는 중대재해 처벌법상 사업주의 과실이 인정되면 처벌을 받을 수 있다. 또한 산업재해보상보험법으로 회복되지 못한 손해가 있다면 별도 민사상 손해배상청구가 가능하다.

백혈병(leukemia)은 혈액 세포에 생긴 암이다. 암은 여러 원인이 복합적으로 작용해 발생하기 때문에 그것이 직업병임을 밝히는 일

---

109) CURRENT Occupational and Environmental Medicine 5/E 5th Edition p.41, Joseph LaDou, Robert Harrison, LANGE.

은 매우 어렵다. 직업성 암은 직업적으로 발암인자에 노출되어 발생하는 암이다.[110] 산업재해보상보험법 시행령 제32조 제3항 관련 업무상 질병(직업성 암)에 대한 구체적인 인정기준을 간략히 요약하면 아래와 같다.

① 석면에 10년 이상 노출 후 발생한 폐암, 후두암(흉막반 또는 조직검사에서 석면소체 충분히 발견된 경우)
② 석면폐증과 동반한 폐암, 후두암, 악성중피종
③ 석면 노출 10년 이상 이후에 발생한 악성중피종
④ 석면 노출 10년 이상 후 발생한 난소암
⑤ 콜타르 찌꺼기 10년 이상 노출, 라돈-222, 카드뮴, 베릴륨, 6가 크롬, 결정형 유리규산 노출 후 발생한 폐암
⑥ 검댕에 노출되어 발생한 폐암 또는 피부암
⑦ 콜타르(10년 이상 노출), 정제되지 않은 광물유에 노출되어 발생한 피부암
⑧ 비소에 노출되어 발생한 폐암, 방광암 또는 피부암
⑨ 스프레이 도장 업무 후 발생한 폐암 또는 방광암
⑩ 벤지딘, 베타나프틸아민 노출 후 발생한 방광암
⑪ 목재 분진 노출되어 발생한 비인두암, 코안, 코곁굴암
⑫ 0.5PPM 이상 농도 벤젠에 노출 후 6개월 이상 경과 후 발생한 백혈병

---

110) 직업성 암의 업무 관련성 평가 지침, KOSHA GUIDE H-48-2020.

⑬ 0.5PPM 이상 농도 벤젠에 노출 후 10년 이상 경과 후 발생한 다발성골수종, 비호지킨림프종
⑭ 포름알데히드에 노출되어 발생한 백혈병 또는 비인두암
⑮ 1,3-부타디엔에 노출되어 발생한 백혈병
⑯ 산화에틸렌에 노출되어 발생한 백혈병
⑰ 염화비닐에 4년 이상 노출되어 발생한 간혈관육종 또는 간세포암
⑱ 보건의료업, 혈액 취급 업무 수행 과정에서 B, C형 간염바이러스에 노출되어 발생한 간암
⑲ X-선, 감마선 등 방사선에 노출되어 발생한 침샘암, 식도암, 위암, 대장암, 폐암, 뼈암, 피부 기저세포암, 유방암, 신장암, 방광암, 뇌, 중추신경계암, 갑상선암, 백혈병

동춘 씨의 백혈병과 관련하여 직업성 암의 인과관계를 확인하는 **직업병 역학조사**가 진행되었다. 산업안전보건법 제141조(역학조사)에 의거하여 직업성 질환의 발병 원인 규명이 필요한 경우 근로자 질환과 작업장 유해요인이 상관관계에 관한 역학조사를 수행한다. 역학조사는 사업주, 근로자 대표, 보건관리자, 건강진단기관 의사, 근로복지공단, 산업안전보건공단, 지방고용노동관서 장이 요청한 경우 수행한다. 직업병 역학조사를 위해 산업안전보건연구원 직업건강연구실에 역학조사부가 있다. 역학조사부에는 직업환경의학과 전문의, 예방의학과 전문의, 산업위생 기술사, 산업위생 기사 등 산업

보건과 관련한 전문 인력이 일하고 있다.[111]

　동춘 씨를 비롯한 회사 대표, 노조 대표가 참석한 가운데 산업안전보건공단 역학조사부에서 전문 인력이 파견되어 회의가 진행되었다. 동춘 씨는 평생 담배도 피우지 않고 술도 거의 먹지 않았으며 처음 보조원으로 정유 공장에 입사했을 때 아무 보호 장치 없이 석유 시료에 직접 노출되었다고 호소했다. 그리고 1990년대 작업 환경은 지금 같지 않아 보호구 지급도 되지 않았으며 국소 배기 장치 및 전체 환기 시설이 제대로 설치된 것도 비교적 최근의 일이라고 말했다. 다행히 회사와 노조의 관계는 좋았고 역학조사에 모두 성실히 협조하겠다고 하였다.

　직업성 암의 업무 관련성 평가는 암 확진 확인, 노출 평가, 노출과 암의 인과 평가, 최종 결론 순으로 아래와 같이 진행된다.[112]

1) 암 확진 확인

　: 먼저 암이 의학적으로 정확히 진단되었는지 확인한다. 동춘 씨의 경우 혈액검사 및 골수검사를 통해 급성 전골수구성 백혈병으로 진단된 것이 의무기록으로 확인되었다.

---

111) 직업환경의학과 전공의는 대학병원 직업환경의학과 외에 산업안전보건공단에서 수련을 받고 직업환경의학과 전문의가 될 수 있다.
112) 직업성 암의 업무 관련성 평가 지침, KOSHA GUIDE H-48-2020.

2) 노출 평가

: 백혈병을 일으킬 수 있는 유해요인에 얼마나 노출되었는지 현장 조사, 과거 작업환경측정 결과 확인, 현재 사업장 작업환경측정, 문헌 조사를 통해 확인한다.

국제암연구소(IARC)는 인간에게 암을 유발하는 충분한 근거, 제한된 근거가 있는 유해인자들을 암의 발생 부위별로 목록화하고 있다.[113] 이에 의하면 동춘 씨의 백혈병과 관련된 직업적 요인은 벤젠, 1,3-부타디엔, 포름알데히드, X-ray, 고무 산업이 충분한 근거에 해당한다. 동춘 씨의 업무에서 과거와 현재 노출되었을 가능성이 가장 높은 물질은 벤젠(benzene)이다.

벤젠은 특유의 달콤한 방향족 냄새가 나는 무색 또는 옅은 노란색 액체이다.[114] 벤젠은 석유를 정제하여 얻을 수 있는데 실제로 고무, 인쇄, 염료, 합성 고분자, 의약품, 농약, 절연유 제조 등에 사용된다. 벤젠은 주로 호흡을 통해 인체로 흡수되고 간에서 페놀, 카테콜, 퀴놀로 대사되어 소변으로 배출된다. 벤젠은 급성으로 노출 시 피부 자극, 발적, 수포, 구역, 어지러움, 무력감, 부정맥, 호흡곤란이 생길 수 있고 고농도 노출 시 간과 신장에 손상을 줄 수 있다. 만성적으

---

113) List of classifications by cancer sites with sufficient or limited evidence in humans, IARC Monographs Volumes 1-132a.
114) 2023년 근로자건강진단 실무지침 제3권 유해인자별 건강장해, 2023-산업안전보건연구원-966, p.165~168.

로 벤젠에 노출되면 조혈기계, 신경계, 간담도계에 건강장해를 일으킬 수 있다. 특히 벤젠은 백혈병을 일으킬 수 있는 국제암연구소에서 지정한 1급 발암물질(Group 1)이다.

　동춘 씨의 사업장과 같이 과거의 작업 환경이 개선되어 현재와 같지 않은 경우에는 현재 작업 환경에서 유해물질을 측정해도 벤젠이 검출되지 않을 가능성이 높다. 이런 경우에는 과거 작업환경측정 결과를 확인한다. 또한 과거 작업환경 측정 결과도 남아 있지 않은 경우에는 문헌 조사를 통해 해당 업무에 대한 과거의 유해물질 노출 수준을 추정할 수밖에 없다. 과거 직업별 벤젠 노출수준은 JEM(Job-Exposure Matrices)을 통해 간접적으로 확인할 수 있다.[115]

3) 노출과 암의 인과 평가

　: 현재까지 나와 있는 모든 연구 결과를 검토해 봐야 한다. 과거 근로자들이 고농도의 벤젠에 노출되던 시기의 연구에서는 누적 노출량 40PPM·year 이상에서 백혈병이 증가하는 것으로 분석되었으나 1990년 이후의 연구들에서는 이보다 훨씬 낮은 농도의 벤젠 노출에서도 그 발생이 증가하는 것으로 밝혀졌다. 중국에서 시행한 74,828명의 벤젠 노출 근로자를 35,805명의 비노출 근로자와 비교한 연구 결과에서 벤젠의 누적 노출량이 1년에 1PPM으로 40년 동안 노출된 경우 백혈병 발병 위험이 통계학적으로 유의하게 증가하

---

[115] 벤젠의 과거노출추정(JEM) 연구, 박동욱 외, 산업안전보건공단 연구보고서, 2013.

기 시작하고 그 노출량이 증가할수록 발병 위험도는 크게 증가하였다.[116] 대형 석유 회사 근무자와 퇴직자를 대상으로 직업력과 백혈병의 관련성에 대하여 수행한 환자-대조군 연구에 의하면 석유 및 가스 부분 생산품 관련 업무를 한 경우 백혈병 발병이 약 2.8배 높았다(OR 2.8, 95% CI=1.1~7.3). 특히 근무 기간이 32년 이상인 경우에는 8.7배 높았다(OR 8.7, 95% CI=2.0~37).[117]

현대 의학은 **근거중심의학(Evidence Based Medicine, EBM)**을 기반으로 한다. 근거중심의학은 최신의 최선의 과학적인 증거를 공정하고 명백하고 현명하게 이용하는 것이다.[118] 그런덴 최선의 과학적인 증거는 어떻게 결정할까? 근거중심의학에서 증거의 수준을 간략히 요약하면 아래와 같다. 레벨 1로 갈수록 더 높은 수준의 증거이다.

① 레벨 1: 체계적 문헌고찰과 무작위 대조실험(질 좋은 연구 결과)
② 레벨 2: 코호트 연구 결과
③ 레벨 3: 환자-대조군 연구 결과

---

116) Benzene and the dose-related incidence of hematologic neoplams in China, Hayes RB, et al., J Natl Cancer Inst, 1997.
117) A case-control study of leukemia among petroleum workers, Sathiakumar Nalini, et al., JOEM, 1995.
118) "Evidence based medicine(EBM) is conscientious, explicit and judicious use of current best evidence in making decision about care of individual patients."(출처: Evidence based medicine: what it is and what it isn't, David L Sackett, BMJ, 1996).

④ 레벨 4: 사례 보고
⑤ 레벨 5: 전문가 의견

역학조사에서도 근거중심의학을 사용하여 연구 논문의 수준과 결과를 종합하여 판단한다. 전문가 의견도 과학적인 증거가 될 수 있으나 가장 낮은 수준의 근거이기 때문에 주의할 필요가 있다.

4) 최종 결론

: 동춘 씨의 백혈병은 과거 보조원 시절 벤젠에 고농도로 노출되었고 이후 저농도의 벤젠에 지속적으로 노출된 것으로 판단되어 업무 관련성이 높다는 역학조사 결과에 따라 산재로 인정되었다.

산업안전보건법 시행령 제108조(건강관리카드)에 의거해 건강장해가 발생할 우려가 있는 업무에 종사한 사람은 **건강관리 카드**를 받을 수 있다. 건강관리 카드는 산업안전보건공단에서 교부받을 수 있는데 건강관리 카드 소지자는 해당 유해인자가 있는 업무에 종사하지 않게 되더라도 매년 1회 무료로 특수건진을 받을 수 있다. 또한 작업 전환이나 이직 시 특수건진을 받은 경우 교통비 및 식비를 신청하여 받을 수 있다. 건강관리카드 발급 대상은 산업안전보건법 시행규칙 [별표 25]에 명시되어 있는데 간략히 요약하면 베타-나프틸아민 노출 3개월 이상, 벤지딘 3개월 이상, 베릴륨 제조 또는 취급자 중 만성 결정성 음영이 있는 사람, 비스-(클로로메틸)에테르 노출 3년 이상, 석면 제조 3개월 이상, 석면 함유 제품 제조 1년 이상, 설비 건축물 해체, 보수 10년 이상, 벤조트리클로라이드 제조 3년 이상, 갱내 작업 3년 이상, 염화비닐 노출 4년 이상, 크롬산 노출 4년 이상, 삼산화비소 노출 5년 이상, 니켈 노출 5년 이상, 카드뮴 노출 5년 이상, 벤젠 노출 6년 이상, 제철용 코크스 노출 6년 이상, 비파괴검사(X-선) 1년 이상 또는 연간 누적선량 20mSv 이상인 근로자이다.

직업성 암도 근골격계 질환과 마찬가지로 특정 업종, 직종, 근무 기간, 신청 상병 등 기준이 충족되면 **추정의 원칙**이 적용되어 보다 신속히 산재승인 여부가 결정된다.[119] 기본적으로 반도체, 디스플레이 산업 종사자에게 발생한 8개 상병(백혈병, 다발성경화증, 재생불량성 빈혈, 난소암, 뇌종양, 악성림프종, 유방암, 폐암)이 여기에 해당한다. 추가로 아래 표에 나와 있는 질병, 직종, 근무 기간에 해당하는 경우 전문조사 없이 산재로 승인된다.

---

119) 직업성 암 업무상질병 업무처리요령. 근로복지공단. 2019년 2월 28일.

상병	직종 및 근무 기간
석면에 의한 원발성 폐암	1. 2009년 이전 석면 포함 제품 제조 공정에서 석면 노출 기간 10년 이상 2. 석면 광업, 선박 수리업에서 직업적 석면 노출 기간 10년 이상
석면에 의한 악성중피종	1. 석면 포함 제품 제조, 제조 공정에서 석면 포함 제품 사용 2. 작업 중에 석면 함유 제품 취급 업종에서 노출 기간이 1년 이상 (석면 노출 시작 시점으로부터 10년 후 발생한 악성중피종)
탄광부, 용접공, 석공, 주물공, 도장공에게 발생한 원발성 폐암	1. 탄광부: 지하 탄광 누적 노출 10년 이상 2. 용접공: 누적 노출 10년 이상 3. 석재가공: 누적 노출 10년 이상 4. 주물: 누적 노출 10년 이상 5. 스프레이(분체) 도장: 누적 노출 10년 이상(붓도장 제외)
벤젠에 노출되어 발생한 악성 림프, 조혈기계 질환[120]	1. 2005년 이전 10년 이상 코크스 오븐(화성 공정) 2. 2003년 이전 5년 이상 인쇄 작업 3. 2003년 이전 5년 이상 고무제품 제조(타이어 성형, 검사, 불량 처리 공정) 4. 2003년 이전 5년 이상 도장 작업(붓도장 제외)

〈직업성 암 추정의 원칙에 해당하는 상병, 직종, 근무 기간〉

---

120) 급성·만성 골수성백혈병, 림프구성백혈병, 골수증식질환, 골수형성이상증후군, 무형성빈혈, 다발성골수종, 비호지킨림프종.

9. 과거 석면 섬유 공장 근로자의 난소암

"57세 여성 가정주부 김옥분입니다. 산부인과 진료 중 난소암이 의심되어 대학병원에서 수술을 받았습니다. 까맣게 잊고 살았는데 예전 석면 공장에서 일했던 것이 난소암의 원인일 수 있다고 하네요."

옥분 씨는 현재 전업 주부로 부산에 살고 있다. 과거 1970년대 부산에 있는 석면 섬유 공장 근처에서 10년 정도 살다 가족과 함께 도심으로 이사했다. 그 당시 생계에 보탬이 되려고 석면 공장에서 약 3년 정도 일했었다. 그리고 그 기억은 까맣게 잊고 있었다.

옥분 씨는 최근에 소변이 잘 나오지 않아 친구의 소개를 받아 한 산부인과에서 진료를 받았는데 의사는 큰 병원에 가 보라고 진료의뢰서를 써 주었다. 이후 대학병원 산부인과에서 복부 CT[121]를 촬영했는데 난소암으로 진단되어 수술을 받게 되었다. 다행히 옥분 씨는 항암 치료 없이 한 번의 수술로 깨끗이 난소암을 제거했다. 퇴원을 준비하고 있는데 담당 의사가 입원 중 촬영했던 흉부 방사선 사진에

---

121) 컴퓨터단층촬영(Computed Tomography, CT)은 방사선의 일종인 X-선을 인체에 투과해 얻은 시간에 따른 영상 모음을 수학적으로 계산해 단면 영상으로 변환하는 진단용 의료기기이다.

서 흉막반(pleural plaque)이 보인다고 직업환경의학과 외래에서 상담을 받고 가라고 했다. 직업환경의학과 의사는 흉막반은 폐를 둘러싸고 있는 막이 딱딱해진 것인데 주로 석면이 침착해서 발생한다고 하면서 이전에 석면 공장에서 일하거나 근처에 거주한 적이 있냐고 물었다. 잊고 살았던 과거 석면 섬유 공장의 기억이 조금씩 떠오르기 시작했다.

가난했던 시절 석면 방직 공장은 비교적 보수가 좋은 일터였다. 옥분 씨처럼 석면 공장 근처에 살던 여성들은 그곳에서 일하는 경우가 많았다. 석면 방직 공장 안 기계가 돌아가면 안개가 낀 것처럼 석면 먼지가 심하게 흩날렸다. 바닥에 발자국이 찍힐 정도였다. 석면이 솜인 줄 알고 이불 삼아 덮고 자는 직원들도 있었다.[122]

석면은 자연에 존재하는 섬유 모양의 광물(규산 화합물)이다. 석면은 영어로 'Asbestos'라고 하는데 그리스어로 "불멸의 물질"을 뜻한다. 석면은 가볍고 불에 잘 견디고 잘 썩지 않고 단열성도 좋아 과거에 의류, 건축, 조선, 자동차 산업 등에서 유용하게 사용되었다. 그런데 석면에는 중요한 문제점이 있다. 석면은 몸에 들어와서도 쉽게 제거되지 않는 불멸의 물질이다. 석면은 주로 숨을 쉬면서 코와 입을 통해 흡입되어 폐까지 도달한다. 폐로 들어온 석면은 대식 세포에 의해 제거되지 못하고 오랜 시간 폐에 남아 염증을 일으킨다. 폐

---

[122] "석면쇼크 부산이 아프다", 부산일보(https://shock.busan.com).

에 쌓인 석면은 일차적으로 림프로 이동하고 이차적으로 혈액을 통해 전신으로 운반된다.[123] 석면은 주로 호흡기 질환인 기관지염, 폐섬유화, 석면폐증, 악성중피종, 폐암의 원인이 되며 접촉성 피부염과 각종 암을 일으킬 수도 있다. 국제암연구소(IARC)는 석면을 인체에 후두암, 폐암, 악성중피종, 난소암을 일으키는 충분한 증거가 있고, 인두암, 위암, 직장암, 결장암을 일으키는 제한된 증거가 확인되는 1급 발암물질(Group 1)로 분류하고 있다.[124] 과거 석면의 유해성을 먼저 파악한 일본은 석면 공장을 우리나라로 이전시켰다. 그리고 1990년대 이후 개발도상국을 벗어난 대한민국도 석면 공장을 인도네시아로 이전했다. 일본은 한국으로 석면 공장을 이전할 때 석면의 유해성을 제대로 알리지 않았다. 한국 역시 인도네시아에게 같은 일을 반복했다. 공해 산업은 선진국에서 후진국으로 수출된다. 비극적 역사는 반복된다.[125]

석면은 사문석계(백석면)와 각섬석계(갈석면, 청석면, 악티노라이트 석면, 안소필라이트 석면, 트레모라이트 석면)로 구분하는데 이 중 백석면(chrysotile)은 독성이 높고 청석면(crodicolite)은 발암성이 높다. 특이하게도 석면 관련 질환은 석면에 노출되고 10~50

---

123) Ovarian cancer in a former asbestos textile factory worker: a case report, Sunwook Park, et al., AOEM, 2018.
124) List of classifications by cancer sites with sufficient or limited evidence in humans, IARC Monographs Volumes 1-132a.
125) 굴뚝 속으로 들어간 의사들, 강동묵, 한국노동안전보건연구소 기획, 나름북스, p.26~27.

년이 지난 후 생긴다. 담배를 피운다고 곧바로 질병이 생기는 것이 아니라 오랜 시간 후 폐암이 발생하는 것과 비슷하다. 이것을 의학적으로 잠복기(latent period)가 길다고 표현한다. 과거 개발도상국이었던 대한민국의 근로자들은 다양한 석면 관련 산업에 종사하면서 석면을 들이마셨다. 석면 관련 질환의 특징적인 긴 잠복기로 인해 과거 석면 공장 근로자들이 현재 병을 진단받고 있다.

석면 방직업은 석면을 원료로 사용하는 최초 단계여서 다른 석면 관련 업종과 비교해 그 노출량이 훨씬 더 많다.[126] 석면 방직업은 먼지가 많이 발생하는 비위생적인 산업으로 여겨져 일본에서는 주로 조선인들이 종사하였고 1965년 한일국교 정상화 이후 오사카 인근에 거주하던 재일 한국인을 통해 우리나라로 들어오게 된다. 지리적으로 일본과 가까운 부산을 중심으로 주로 소규모 석면 방직 공장이 분포하기 시작하여 가동되었다(부산 9개, 경남 2개, 울산 1개, 충북 1개, 경기 1개). 우리나라에서 석면 방직업에 종사하였던 근로자 수는 1965~1993년까지 2,240명으로 확인된다.

우리나라는 2009년 1월 1일부터 **석면안전관리법 제8조(석면 등의 사용금지 등)**에 의거하여 석면이나 석면 함유 제품 제조, 수입 및 사용을 금지하였다. 그러나 석면을 대체하지 못하는 산업도 있고 이전에 석면을 사용하여 건축했던 가정, 사무실, 학교 등에는 여전히

---

126) 석면방직공장과 인근지역에서 발생한 직업성 및 환경성 석면 질환 사례, 강동묵 외, J Korean Med Assoc., 2009.

석면이 존재한다. 따라서 2003년부터는 산업안전보건법 제121조(석면해체, 제거업의 등록 등)에 의거, 석면을 해체하거나 제거하는 사람은 정해진 인력, 시설 및 장비를 갖추고 고용노동부장관에게 등록 후 사업을 할 수 있다(석면 함유 건축물 해체 및 제거에 대한 허가제도). 그리고 석면에 노출되는 근로자는 특수건진을 통해 1년에 1회 이상 흉부 X-ray, 폐기능 검사 이후 의사 진찰과 상담을 받는다. 건물 해체 작업 근로자는 반드시 적합한 보호구를 착용하여야 한다.

난소암(ovarian cancer)은 난소에 생기는 암으로 전 세계적으로 여성에게 8번째로 흔한 암이다. 난소암은 일단 발병하면 다른 암보다 상대적으로 더 치명적이다. 왜냐하면 난소암은 조기 진단이 어렵고 그 주변에 여러 장기들이 있어 일단 생기면 더 쉽게 전이되기 때문이다. 기본적으로 난소암은 유전이나 고령에 의해서 발병하지만 이른 초경, 늦은 폐경, 미혼, 불임으로 일생 동안 여성호르몬에 더 길게 노출되거나 석면, 활석 같은 직업환경적 유해물질에 노출된 경우에도 그 발병 위험이 증가한다.

석면 방직업 근로자의 폐 관련 질환 표준화 사망비[127]는 남자 252,

---

127) 표준화 사망비(Standardized Mortality Ratios, SMR)는 유해물질에 노출되는 특정 산업 종사자들이 동일 연령의 일반 인구보다 사망률이 높은지를 계산하는 것이다. 표준화 사망비는 실제 관찰된 사망자 수를 연간 기대사망 수로 나누어 계산한다(출처: 역학(Epidemiology forth edition), Leon Gordis, 한국역학회 옮김, E*PUBLIC, p.78).

여자 595, 흉막 관련 질환 표준화 사망비는 남자 2,851, 여자 7,891로 매우 높은 것이 확인된다.[128] 석면에 노출된 여성 난소의 조직학적 소견에 대한 연구에서는 석면에 노출된 여성이 비노출군과 비교해 난소 조직 내 석면 개수가 더 많았다.[129] 석면에 의한 폐암 발병 위험도는 석면 방직업에서 가장 높고 그다음 슬레이트 제조업이다. 산업재해보상보험법 시행령 [별표 3] 업무상 질병에 대한 구체적인 인정 기준에 석면에 노출되어 발생한 석면폐증, 폐암, 후두암, 악성중피종이 명시되어 있다. 또한 석면에 10년 이상 노출되어 발생한 난소암 역시 업무상 질병 인정 기준에 포함된다. 2007년 산업안전보건공단 연구보고서에 의하면 1993년부터 2007년까지 60명이 폐암(41명)과 악성중피종(19명)으로 산재 승인을 받은 것으로 확인된다. 옥분 씨는 직업환경의학과의 업무관련성평가서를 바탕으로 이후 진행된 직업병 역학조사 결과 상당한 석면 노출로 인해 난소암이 발생한 것으로 인정되어 산재로 승인받았다. 석면은 산업안전보건법 시행령 제108조(건강관리 카드)에 의거한 건강관리 카드 발급 대상 유해물질이다. 따라서 석면과 관련하여 건강관리 카드를 발급받은 사람은 석면이 있는 업무를 하지 않게 되더라도 매년 1회 무료로 특수건진을 받을 수 있다.

환경적으로 석면에 노출된 경우에도 석면 관련 질환이 발생할 수

---

128) 석면방직공장과 인근지역에서 발생한 직업성 및 환경성 석면 질환 사례, 강동묵 외, J Korean Med Assoc, 2009.
129) 직업환경의학(개정판), 대한직업환경의학회 편, 계축문화사, p.451~452.

있다. 악성중피종 감시체계자료와 부산 지역 4개 의과대학 병원 진료 자료를 바탕으로 직업적 석면 노출을 제외하고 환경적 영향을 추정해 본 결과 한 석면 방직 공장 인근에 거주하는 사람들의 악성중피종 비교위험도[130]는 10.3(95% CI: 4.5~23.2)으로 매우 높았고 이 공장 반경 2km 외에도 바람의 방향과 일치하게 관련 환자가 분포하였다. 일본 연구에 의하면 옛 석면 공장 반경 500m 이내 거주자의 악성중피종 발생 위험은 9.5배 증가하고 반경 2.5km까지도 위험 증가하는 경향을 보였다.[131]

2011년부터 **석면피해구제법**에 의거해 석면 관련 질환으로 산재를 신청했는데 불승인되었거나 환경적으로 석면에 노출되어 발생한 건강 문제를 보상받을 수 있는 또 다른 방법이 생겼다. 석면 관련 질병인 악성중피종, 폐암, 석면폐증, 흉막반이 있는 경우 구제 신청을 통해 요양급여, 요양생활수당, 장례비, 특별 유족조위금 및 특별 장례비, 구제 급여 조정금, 석면피해 검사 비용을 지원받을 수 있다. 석면피해구제 신청은 석면피해구제시스템을 통해 신청 가능하다.[132]

---

130) 비교위험도(relative risk)는 코호트 연구에서 노출군의 발생률을 비노출군의 발생률로 나눠 계산한다. 비교위험도가 1보다 큰 경우 해당 요인에 노출되면 질병 위험도가 증가함을 의미한다. 즉 위험요인과 질병 사이에 양의 연관성이 있으며 비교위험도가 클수록 요인이 질병을 일으키는 원인일 가능성이 높다 (출처: 역학(Epidemiology forth edition), Leon Gordis, 한국역학회 옮김, E*PUBLIC, p.205~206).
131) 석면방직공장과 인근지역에서 발생한 직업성 및 환경성 석면 질환 사례, 강동묵 외, J Korean Med Assoc., 2009.
132) 석면피해구제시스템 홈페이지: 석면피해구제 신청.

10. 급식실 조리사의 폐암

"학교 급식실에서 조리사로 일하고 있는 52세 여성 박은숙입니다. 최근 급식실 조리사에게 발생한 폐암이 산재로 승인되면서 저도 폐암 검진을 받으라는 공문을 받고 근처 병원에서 흉부 CT를 촬영했습니다. 그리고 며칠 후 병원에서 전화가 왔습니다. 저도 폐암이 의심된다고 하네요."

처음 은숙 씨는 학교 급식실에서 조리 보조원으로 일을 시작했다. 조리사 자격증을 취득한 이후에는 병원 급식실에서 일했고 조리장이 되면서 학교 급식실로 이직했다. 은숙 씨의 업무는 식자재 검수 후 음식 준비를 하고 실제 조리 후 배식하고 주방을 정리하는 일이다. 조리장이 된 이후에는 대부분 직접 튀김, 전, 구이 등을 만들었다. 과거에는 오븐이 없어 볶거나 튀기는 음식이 많았다. 은숙 씨가 학교 중식 급식을 위해 조리해야 하는 음식의 양은 대략 600인분이다. 병원 급식실에서 준비했던 100인분 정도와 비교해 훨씬 더 많다. 그래도 학교 급식실은 병원 급식실처럼 하루 2~3끼를 준비하지 않고 중식만 조리하면 된다. 최근 급식실 조리사에게 폐암이 생겨 산재로 승인되었다는 말을 들었다. 그리고 은숙 씨 학교 급식실 조리사들도 폐암 검진을 받으라는 공문이 왔다. 관리자가 근처 병원을 안내해 주었고 예약일에 방문하여 흉부 CT를 촬영했다. 그리고 며칠 후 그 병원에서 전화가 와서 폐암이 의심된다고 전했다. 대학 병원 호흡기내과에 입원해 수행한 정밀 검사에서 오른쪽 폐 위쪽에 약 3㎝ 크기의 덩어리가 확인되어 부분 마취 후 조직검사를 받았는데 비소세포암(non-small cell carcinoma)으로 진단되었다. 그리고 수술을 받았다. 다행히 주변 조직으로 전이가 없어 쉬면서 추적 관찰 중이다. 은숙 씨는 지금까지 살면서 술과 담배를 입에 댄 적이 없다. 국가에서 주기적으로 나오는 건강검진도 빠지지 않고 받았고 지금까지 특별한 이상은 없었다. 조리할 때 나오는 연기가 폐암의 원인이 되는지는 생각도 하지 못했다. 그러고 보니 튀김 요리를 할 때면 커다란 솥에서 나오는 연기에 숨이 꽉 막혔었다. 그리고 급식실에는 제대로 된 환기 시설이 없었다.

2021년 우리나라 사망 원인은 암(26%), 심장 질환(9.9%), 폐렴(7.2%), 뇌혈관 질환(7.1%), 자살(4.2%) 순으로 높다. 남성의 경우 폐암, 간암, 대장암, 위암, 췌장암 순으로 여성의 경우 폐암, 대장암, 췌장암, 간암, 유방암 순으로 사망률이 높다. 남녀 모두 폐암으로 인한 사망률이 가장 높다.[133]

폐암(lung cancer)은 폐에 생긴 악성 종양이다. 폐암은 노화 또는 유전적으로 어쩔 수 없이 생기기도 하지만 대부분 흡연, 간접흡연, 대기 오염, 기존 폐질환(폐 섬유화, 만성 폐쇄성 폐질환, 폐결핵

---

133) 2023 국가 암등록통계사업 안내, 보건복지부.

등), 직업적 유해물질(라돈, 석면, 비소, 크롬, 니켈, 염화수소, 방사선 등)에 의해 발생한다. 폐암은 기침, 가래, 객혈, 호흡곤란 등 기본적인 호흡기 증상 외에도 이유 없는 체중 감소, 가슴, 팔, 어깨 통증이 생기는 경우도 있다. 폐암은 폐 자체에 생긴 원발성 폐암과 다른 암이 폐로 전이된 전이성 폐암으로 구분하며 조직학적으로 악성도가 강한 소세포암(전체 약 15~25%)과 비소세포암으로 구분하기도 한다. 폐암은 의사 문진, 신체진찰과 더불어 흉부 X-ray, CT 등의 도움을 받아 진단하며 항암제, 표적 항암제, 방사선, 수술 등으로 치료한다.[134]

세계 보건 기구(WHO)에 의하면 암은 30~50% 예방 가능하다. 암관리법 제11조(암검진사업)에 의거하여 우리나라는 암을 조기에 발견하고 암으로 인한 사망률을 줄이기 위해 국가 암 검진 사업을 수행하고 있다. 개인적으로 수행하는 종합검진 또는 사업주 비용으로 수행하는 특수검진 등을 제외하고 국가 건강검진 사업으로 매년 쓰이는 비용이 약 2조 원이다.[135] 국가 건강검진 사업은 사회보장제도의 일종인 건강보험의 주된 사업으로 의학을 넘어 복지의 개념을 포함하고 있다. 국가 암 검진 사업의 경우 약 10%의 본인 부담금을 부담해서 검사를 받을 수 있으며 의료 수급자의 경우 전액 무료이다.

---

134) Lung cancer immunotherapy: progress, pitfalls, and promises, Aritraa Lahiri, et al., Molecular Cancer, 2023.
135) 국가건강검지사업 평가, 김태은, 국가예산정책처.

국가 암 검진 사업의 구체적 내용은 아래와 같다.

1) 위암

: 40세 이상 남녀를 대상으로 2년마다 위내시경(위장조영검사) 검사를 한다.

2) 간암

: 40세 이상 고위험군(간경변, B형 간염 바이러스 보균자 또는 C형 간염 바이러스 항체 양성자)을 대상으로 6개월마다 간초음파와 간암 종양 표지자(AFP) 검사를 한다.

3) 대장암

: 50세 이상 남녀를 대상으로 1년마다 분변 잠혈 검사를 수행하고 이상이 있는 경우 대장내시경을 한다.

4) 유방암

: 40세 이상 여성을 대상으로 2년마다 유방촬영술을 한다.

5) 자궁경부암

: 20세 이상 여성을 대상으로 2년마다 자궁 경부 세포 검사(Pap test)를 한다.

6) 폐암

: 54세 이상 74세 이하 남녀 중 30갑년 이상 흡연자를 대상으로 2년마다 저선량 흉부 컴퓨터단층촬영(Low Dose Computed Tomography, LDCT)을 한다. 참고로 갑년(pack year)은 흡연 정도를 측정하는 단위이다. 30갑년은 하루 1갑(20개비)씩 30년 동안 흡연한 양이다. 매일 2갑씩 15년을 피워도 30갑년이 된다.

2019년부터 국가 암 검진 사업에 폐암이 포함되면서 저선량 흉부 CT를 수행하고 있다. 자세한 **폐암 검진 결과 판정 및 사후 조치**는 아래와 같다(**Lung-RADS category**).

1) 범주 0

: 불완전한 검사로 인해 판독이 어려운 경우이다. 이전 흉부 CT와 비교하거나 재촬영이 필요하다.

2) 범주 1(정상)

: 결절이 발견되지 않거나 양성 소견을 보인 경우이다. 1년마다 저선량 흉부 CT로 추적 관찰한다.

3) 범주 2(양성 결절)

: 결절이 발견되었으나 임상적으로 폐암이 될 가능성이 매우 낮은 경우이다(악성 가능성 1% 미만). 1년마다 저선량 흉부 CT로 추적 관찰한다.

4) 범주 2B(양성 결절)

: 범주 3, 4에 해당하는 크기를 보이나 양성 가능성이 높은 경우이다. 1년마다 저선량 흉부 CT로 추적 관찰한다.

5) 범주 3(경계성 결절)

: 결절이 발견되고 양성 가능성이 높지만 추적 검사가 필요한 경우이다(악성 가능성 1~2%). 6개월 후 저선량 흉부 CT로 추적 관찰한다.

6) 범주 4(폐암 의심)

: 폐암이 의심되는 결절이 발견된 경우이다. 4A는 악성 가능성이 5~15%, 4B는 악성 가능성이 15% 이상, 4X는 악성 가능성 매우 높은 경우이다. 범주 4의 경우 폐암 확진을 위한 추가 검사가 필요하다.

2021년 2월 급식실 조리사에서 발생한 폐암이 처음으로 산재 승인되었고 이후 조사에서 13명이 추가로 폐암으로 진단되고 산재로 인정되었다. 이후 교육부와 교육청은 급식실 종사자 폐암 검진 사업을 수행했고 그 결과를 발표했다. 검진자 24,065명 중 폐 결절이 발견된 사람은 6,773명(28.2%)이었고 이 중 31명(0.13%)이 폐암으로 확진되었다. 고용노동부 역시 학교 급식실에서 일하는 근로자 중 55세 이상 또는 급식 업무에 10년 이상 종사하는 경우 폐암 검진을 위한 저선량 흉부 CT 촬영을 무료로 지원하고 있다. 사업 결과 급식실 종사자의 경우 동일 연령대와 비교해 폐암이 최대 16.4배 더 많이 발견되었다. 또한 학교 급식실 환기시설 97%가 고용노동부 기준에 미달인 상황인 것으로 드러났다. 자연 통풍이 되지 않는 지하 급식 시설의 경우 더욱 위험한 상황이다.[136][137]

급식 학교 231개를 대상으로 수행한 연구에서 계란말이, 삼겹살, 전, 튀김 같은 기름을 사용하는 조리 과정에서 일산화탄소, 이산화탄소, 미세먼지, 초미세먼지기 다량 발생하는 것이 확인된다. 또한 급식실에는 배기 장치가 없거나 있더라도 조리사 머리 위에 있어 조리 흄이 근로자 폐를 통과한 후 배기되는 문제도 발견되었다.

분진은 여러 이유로 인해 발생하는 미세한 고체 입자를 말한다. 분진은 크기에 따라 입자성 분진(직경 0.5~5㎛), 섬유상 분진(길이 5~8㎛ 초과), 호흡성 분진(너비 0.25~1.5㎛ 미만)으로 구분한다. 호흡성 분진보다 큰 분진이 인체로 들어오면 기도의 섬모 작용과 점액에 의해 체외로 배출되며 이보다 작은 경우에는 폐 안에 침착될 수 있다. 대식 세포는 폐에 침착된 분진을 발견하고 싸우는데 이 과정에서 염증이 생기고 폐가 딱딱해지는 섬유화가 진행된다. 산업보

---

[136] "'폐암 산재' 113명… 지하 급식실 현황은 파악도 못 했다", 조을선 기자, SBS NEWS, 2023년 10월 10일.
[137] "조리흄에 숨막히는 급식 종사자… 폐암 위험성 노출 심각", 한현묵 기자, 세계일보, 2022년 11월 26일.

건에서 흔히 부르는 흄(hume)은 뜨거운 증기가 식으면서 생성되는 매우 작은 고체 미립자이다. **조리 흄(cooking hume)**은 일반적으로 기름으로 튀기는 요리를 할 때 생성된다.[138] 조리 시 발생하는 연기에는 200종 이상의 가스와 다환 방향족 탄화수소(Polycyclic Aromatic Hydrocarbones, PAHs), 알데히드류(aldehydes), 미세먼지, 초미세먼지, 헤테로고리 아민류(heterocyclic aminse) 등과 같은 호흡기 유해물질이 포함되어 있다.[139] 이 같은 물질들은 각종 호흡기 질환 및 **폐암**의 원인이 되기도 한다.

급식실 업무는 조리 흄과 같은 호흡기 유해물질뿐만 아니라 넘어짐, 끼임, 낙하, 화상, 베임 등의 사고와 근골격계 부담작업 등 다양한 유해인자에 노출되는 업무이다. 근본적으로 급식실 조리사 인원을 늘리고 적합한 환기 설비 설치 및 개선, 산업안전보건 교육, 작업환경측정, 근로자건강진단, 보건관리 대행 등의 예방 대책이 필요하다. 또한 조리 흄이 많이 발생하는 튀김류를 줄이고 오븐을 이용한 음식으로 식단을 개선할 필요도 있다. 조리사들 역시 업무 시 적합한 보호구를 착용하고 안전보건 규칙을 준수해야 한다.[140][141]

---

138) 조리시 발생하는 공기 중 유해물질과 호흡기 건강영향: 학교 급식 종사자를 중심으로, 이유진 외, 한국산업안전보건공단 연구보고서(2019-연구원-1532).
139) Cooking fumes and relative diseases, Chunyan Wang, et al., Advances in Biological Sciencse Research, 2016.
140) 학교 급식실 근로자의 안전보건에 관한 기술지침, KOSHA GUIDE G-59-2012.
141) "학교급식실 노동자 10명 중 3명 폐 이상소견", 어고은 기자, 매일노동뉴스, 2023년 3월 15일.

금연 상담을 하다 보면 평생 담배를 피워도 100살까지 살다 죽은 사람도 있다고 주장하는 흡연자들이 있다. 자신은 특별하다고 생각하는 모양이다. 그런데 대부분의 사람은 질병과 관련한 통계 결과에서 크게 벗어나지 않는다. 폐암 환자의 81.3%가 흡연과 연관이 있다.[142] 폐암 및 호흡기 질환 예방에서 가장 중요한 것은 금연이다. 또한 조리 흄과 같이 직업환경적인 유해인자에 의해서도 관련 질환이 생길 수 있음을 인지하고 예방을 위해 노력해야 한다.

---

142) "폐암 환자 살펴보니 직접 흡연자 70%-간접 흡연 11%대", 김영숙 기자, 의협신문, 2021년 5월 31일.

11. 베트남 전쟁 참전 군인의 전립선암

"80세 남성 조주권입니다. 월남전 참전용사로 보훈병원에서 진료를 받고 있습니다. 소변 문제로 비뇨기과 진료를 주기적으로 보고 있다가 혈액검사에서 PSA 수치가 높아 조직검사를 받았는데 전립선암으로 진단되었습니다."

1960년대 미국은 한국군의 베트남 전쟁 파병의 대가로 대한민국의 경제 발전을 약속했다. 이후 우리군 30만 명이 베트남 전쟁에 투입되었고 5,000명 이상이 사망했다. 모두가 먹고살기 힘든 그 시절 주권 씨도 베트남 전쟁에 다녀왔다. 당시 목숨값으로 받은 돈은 한국에 있는 가족들의 생계에 큰 밑천이 되었다. 현재 우리나라는 국가 유공자들의 헌신에 보답하고 그와 그 가족의 진료, 재활을 위해 서울, 인천, 부산, 대구, 대전, 광주에 보훈병원을 운영하고 있다. 어느덧 80대 노인이 된 주권 씨는 보훈병원 비뇨기과에서 주기적으로 검사와 진료를 받고 있다. 60대 이후로는 전립선 비대증으로 소변을 보는 데 불편함이 있었고 이곳에서 종양 표지자 검사(tumor biomarker test) 검사를 하고 있다. 종양 표지자 검사는 암세포에서 직접 생성되거나 인체가 암에 대처하기 위해 생성하는 물질을 혈액, 소변 등에서 측정하는 검사이다. 전립선암의 경우 PSA(Prostate Specific Antigen)를 종양 표지자로 사용하는데 혈액 중 정상치인 3ng/mL 이상의 경우 전립선암을 의심해 볼 수 있다. 그런데 PSA는 고령, 전립선염, 전립선 비대증에서도 증가할 수 있어[143] 지속적으로 검사를 받고 추적 관찰을 하고 있었다. 오늘은 의사가 조직검사를 해 보자고 했고 안타깝게 조직검사 결과에서 전립선암으로 진단되었다. 주권 씨의 경우 다행히 암이 조기에 진단되어 한 번의 수술로 큰 합병증 없이 완치되었다.

전립선(prostate)은 소변이 배출되는 요도를 감싸고 있는 호두 모양(길이 4㎝, 폭 2㎝, 15~20g)의 남성 생식 기관이다. 전립선 액은 정자의 영양분이 되고 요도의 감염성 질환을 예방하는 역할을 한다. 전립선은 2차 성징이 일어나는 사춘기 때부터 20대 후반까지 매년 1.6g씩 급속히 성장하다가 30대 이후부터는 매년 0.4g씩 천천히 커진다. 60대 이상 남성의 40~70%는 전립선이 비대해져 소변이 가늘어지거나 잘 나오지 않는 하부 요로 폐쇄 증상이 생기기 시작하는데 이를 전립선 비대증(Benign Prostate Hyperplasia, BPH)이라고 한다.

전립선암(prostate cancer)은 전립선에 생긴 악성 종양이다.[144] 2021년 기준으로 전립선암은 우리나라 남성에서 폐암, 위암 다음

---

143) 검사 결과의 해석과 임상적 활용, 종양표지자, 오소연, 2018년 대한내과학회 춘계학술대회.

144) Prostate cancer review: Genetics, diagnosis, treatment options, and alternative approaches, Mamello Sekhoacha, Molecules, 2022.

으로 3번째로 많이 발생한다.[145] 전립선암은 노화, 유전, 가족력에 의해서도 발생하지만 서구적인 생활 습관, 흡연, 제초제와 같은 화학물질 노출에 의해서도 그 3발병 위험이 증가한다. 국제암연구소(IARC)는 전립선암의 원인으로 안드로겐(동화) 스테로이드, 비소, 카드뮴, 말라티온, 야간근무, 붉은색 고기, 고무 제조업, 소방관, 엑스선, 감마선, 토륨-232 등을 보고하였다. 전립선암은 비뇨기과 전문의의 문진, 신체진찰(직장수지검사)과 더불어 종양 표지자(PSA), 영상 검사(X-ray, CT, 초음파, MRI, Bone scan), 조직검사를 통해 진단하며 항암제, 표적 항암제, 방사선, 수술로 치료한다. 전립선암을 예방하기 위해서는 채소 위주의 식단으로 동물성 지방 섭취를 줄이고 규칙적으로 운동하고 적정 체중을 유지하는 것이 좋다. 또한 원인이 될 수 있는 유해인자에 노출되지 않게 주의가 필요하다.

고엽제(defoliant)는 잎사귀를 말라 죽게 하는 제초제이다. 베트남 전쟁에서 무차별적으로 고엽제가 살포되었는데 이 중 에이전트 오렌지(Agent Orange)라는 제품이 가장 많이 사용되었다. 여기에는 TCDD(2,3,7,8-Tetrachlorodibenzo-p-Dioxin)와 같은 유해물질이 다량 함유되어 있었다. 1969년 미국에서 실시한 동물 실험에서 고엽제가 기형을 유발하는 것이 확인되었고 1971년 고엽제 사용이 전면 중단되었다. 이후 연구 결과들에서 고엽제에 함유된 여러 유해물질에 노출되면 구토, 어지러움, 설사, 코피, 호흡곤란, 간염이

---

145) 2023 국가 암등록통계사업 안내, 보건복지부.

발생할 수 있고 피부암, 연부 조직암, 폐암, 전립선암 등의 암도 유발되는 것으로 확인되었다.[146] 이후 미국 제대군인부(United States Department of Veterans Affairs)는 베트남 전쟁에서 퇴역군인에 대한 고엽제 후유증을 조사하고 그 보상 기준을 마련하였다.[147]

우리나라 역시 고엽제 후유의증 등 환자지원 및 단체설립에 관한 법률에 의거해 고엽제 후유증에 대한 보상 사업을 하고 있다.[148] 과거 베트남 전쟁에 참가했던 군인, 군무원, 종군 기자 또는 1967~1972년 사이 남방 한계선 인접 지역에서 근무한 군인, 군무원 등이 보상의 대상이 된다. 고엽제 후유증 대상 질병은 비호지킨 림프종, 연조직 육종암, 염소성 여드름, 말초신경병, 만발성 피부 포르피린증, 호지킨병, 폐암, 후두암, 기관암, 다발성골수종, 전립선암, 버거씨병, 당뇨병, B-세포형 만성 백혈병, 만성골수성백혈병, 파킨슨병, 허혈성 심장질환, AL 아밀로이드증, 침샘암, 담낭암 등이며 2세 환자의 척추이분증, 말초신경병, 하지마비 척추병변도 보상 대상 질병이다. 국가보훈부에 고엽제 후유증 보상 신청서와 관련 증빙 서류를 제출하면 해당 상병 및 장애 등급에 따라 후유증 수당을 받을 수 있다.

---

146) 고엽제에 노출된 월남참전 군인에서 발생한 피부 질환, 최종순 외, 가정의학회지, 2005.
147) 미국 퇴역군인과 건강장해에 관한 역학조사, 임현술, 한국역학회지, 2001.
148) 국가보훈부 홈페이지: 예우보상 〉 고엽제 후유(의)증.

[별지 제8호서식] <개정 2021. 2. 19.>   정부24(www.gov.kr)에서도 신청할 수 있습니다.

고엽제후유증환자(유족) 보상신청서

(앞쪽)

접수번호		접수일시		처리기간	60일
신청인	대상구분 (상이등급)	(급)		보훈번호	
	성명			주민등록번호	
	후유증환자 와의 관계			전화번호	
	주소				
	예금계좌	금융기관명		예금주 성명	
		예금종류		계좌번호	
고엽제 후유의증 환자 관련 사항	성명			주민등록번호	
	관리번호			장애정도	
	등록일			사망일 (사망자만 해당)	년 월 일
	보상신청시간		년 월 ~ 년 월		

「고엽제후유의증 등 환자지원 및 단체설립에 관한 법률」 제6조제4항, 같은 법 시행령 제6조의2제3항 및 같은 법 시행규칙 제8조에 따라 위와 같이 신청합니다.

년   월   일

신청인   (서명 또는 인)

지방보훈청장
보훈지청장   귀하
제주특별자치도지사

확 인			
담당	주무	과장	청장(지청장)

☞ **뒤쪽에 제출 서류 및 동의서가 있습니다.**

210mm×297mm[백상지 80g/m² 또는 중질지 80g/m²]

〈고엽제후유증환자(유족) 보상신청서 서식: 앞장〉

(뒤쪽)

신청인 제출 서류 및 담당공무원 확인사항

신청인 제출 서류	1. 가족관계기록사항에 관한 증명서(신청인이 유족인 경우에만 해당합니다) 2. 예금통장(계좌번호가 기록되어 있는 부분) 사본 1부	수수료 없음
담당 공무원 확인사항	주민등록표 등본(신청인이 유족인 경우만 해당합니다)	

행정정보 공동이용 동의

본인은 이 업무처리와 관련하여 담당 공무원이 「전자정부법」 제36조제1항에 따른 행정정보의 공동이용을 통해 위의 "담당 공무원 확인사항"을 확인하는 것에 동의합니다.

* 동의하지 않는 경우에는 직접 해당 서류를 제출해야 합니다.

* 동의함 [ ]   동의하지 않음 [ ]   신청인   (서명 또는 인)

처리 절차

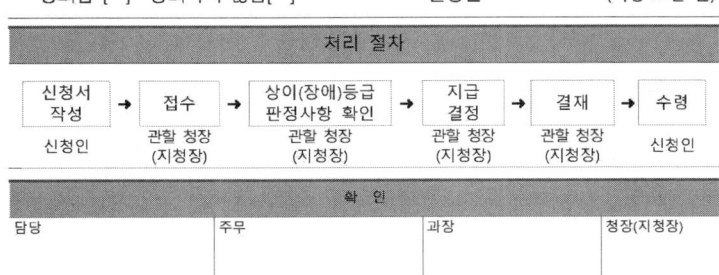

확 인

담당	주무	과장	청장(지청장)

〈고엽제후유증환자(유족) 보상신청서 서식: 뒷장〉

세계보건기구(WHO)에 의하면 세계적으로 매년 200,000명의 근로자들이 직업과 관련한 암으로 사망하고 있다.(폐암의 경우 10건 중 1건) 국제암연구소(IARC)는 암에 대한 직업 기여도를 4~8.5%로 보고하였다. 미국 국립산업 안전보건 연구원(NIOSH)은 폐암의 경우 남성 6.1~17.3%, 여성 2%, 방광암의 경우 남성 7~19%, 여성 11%, 악성중피종의 경우 남성 85~90%, 여성 23~90%의 직업기여도가 있음을 보고하였다.

암은 우리나라 사망의 첫 번째 원인이다. 앞으로 태어나는 아이 10명 중 2명은 암으로 사망할 것으로 전망된다. 암은 좋은 생활습관 실천으로 예방 가능한 질환이다. **국민 암 예방 수칙**은 아래와 같다.[149]

① 담배를 피우지 말고, 간접흡연도 피한다.
② 채소와 과일을 충분히 먹고 다채롭고 균형 잡힌 식단으로 식사한다.
③ 짠 음식을 피하고 탄 음식을 먹지 않는다.
④ 하루 1~2잔의 소량의 음주도 피한다.
⑤ 주 5회 이상, 하루 30분 이상 땀이 날 정도로 운동한다.
⑥ 적정 체중을 유지한다.
⑦ 예방 접종 지침에 따라 예방접종을 받는다.
⑧ 성 매개 감염병 예방을 위해 안전한 성생활을 한다.
⑨ 발암성 물질에 노출되지 않도록 사업장 안전보건수칙을 지킨다.
⑩ 암 조기 검진 지침에 맞춰 주기적으로 검진을 받는다.

---

149) 국가암정보센터: 국민 암예방 수칙.

V. 직업성 정신질환

12. 철도 기관사의 외상 후 스트레스 장애

"이제 좀 따뜻해지기 시작한 어느 날, 한 철도 기관사가 스스로 목숨을 끊었다."

철도 기관사는 기관실에서 열차나 지하철을 운전하는 근로자이다. 철도 기관사는 승객을 목적지까지 안전하게 수송하기 위한 운전뿐 아니라 응급 상황과 승객의 민원에 대응해야 한다. 철도 기관사는 불규칙한 운행 스케줄에 따라 햇빛이 없고 바깥 공기를 쐬기 어려운 기관실에서 소음, 진동, 이상 기온, 라돈(radon), 미세먼지, 근골격계 부담작업과 같은 물리화학적 유해인자에 노출되는 환경에서 일한다. 또한 운전 시에는 안전을 위해 집중하면서 충돌, 탈선, 인명 사고 등 응급 상황에 대한 긴장감과 불안감을 유지하고 있어야 한다.[150]

스크린도어가 설치되기 전 철도 선로는 자살하기 좋은 장소였다. 달리는 기관차에 뛰어드는 것은 가장 확실하게 죽는 방법 중 하나였다. 기관사가 갑자기 뛰어든 사람을 피하기란 거의 불가능했다. 이것은 예측할 수 없고 노력해도 막을 수 없는 기관사의 능력과 무관한 사고이다. 철도 기관사는 자신이 운전하는 기차에 뛰어들어 스스

---

150) 직업건강 가이드라인: 철도 기관사, 산업안전보건공단.

로 목숨을 끊는 사람들을 직접 마주해야만 했다. 충돌 직전 눈이 마주치는 경우도 있다. 의도는 없더라도 사람을 죽였다는 죄책감이 밀려온다. 과거 철도 기관사는 운행 중 발생한 사고를 직접 밖으로 나와 처리해야 했다. 길가에 죽어 있는 동물을 봐도 마음이 아프다. 동물의 사체를 보는 일도, 그 사체를 치우는 일도 어려운데 사람의 시체를 직접 치워야만 했다. 승객의 혼란에 대처하고 이후 경찰 심문도 받아야 했다. 심장이 두근거린다. 1인 승무제에서는 도와 달라도 해도 도와줄 수 있는 동료가 없다. 시신을 수습하고 다시 기관실에 들어와 엉엉 울면서 다시 운전을 했다. 이것은 철도 기관사에게 있어 정말 큰 트라우마(trauma)임에 틀림없는 일이다.[151]

외상 후 스트레스 장애(Post Traumatic Stress Disorder, PTSD) 는 전쟁, 테러, 고문, 성폭행, 사망 사건 등 충격적이고 끔찍한 사건을 겪은 후 발생하는 정신질환이다. 외상 후 스트레스 장애 환자는 사건 이후 1개월 이상 아래와 같은 대표적인 증상이 발생한다.

1) 과각성

: 각성, 흥분으로 인해 감정 통제가 불가능하다.

2) 재경험

: 사건이 반복적으로 생각나고 꿈에 나온다.

---

151) 사상사고 경험 철도기관사의 외상 후 스트레스 장애 증상에 관한 연구, 염병수, 연세대학교 대학원 보건학과 박사학위 논문.

3) 회피

: 사건을 상기시키는 생각, 느낌, 대화, 관련 장소, 행동, 사람을 피한다.

대표적인 증상과 더불어 집중력, 기억력 저하, 공격적 성향 및 충동 조절 장애, 우울, 술 또는 약물 남용 등의 정신과적 증상이 발생할 수 있다. 이와 같은 증상이 1개월 미만으로 지속되다 좋아지는 경우는 급성 스트레스 장애(acute stress disorder)로 진단하고 1개월 이상 장기적으로 지속되는 경우는 외상 후 스트레스 장애로 진단한다. 어렸을 때 외상 경험이 있거나 과도한 스트레스 환경이 지속되거나 가족, 친구, 동료의 지지가 부족한 경우 외상 후 스트레스 장애에 더 취약할 수 있다. 외상 후 스트레스 장애는 심리 치료, 행동 치료, 인지 치료, 노출 치료, 최면 요법과 같은 정신 치료와 함께 선택적 세로토닌 재흡수 억제제(Selective Serotonin Reuptake Inhibitor, SSRI), 삼환계 항우울제(Tricyclic Antidepressant, TCA)와 같은 약물 복용을 병행하여 치료한다.

2004년 철도 기관사 638명을 대상으로 조사한 연구 결과에서 전체 중 413명(64.6%)이 사상 사고를 1회 이상 경험하였다고 답했다. 2012년 연구에서는 우리나라의 철도 기관사 관련 사업장은 224개, 근로자는 68,521명으로 확인되었는데 철도 기관사는 일반 인구집단보다 공황 장애는 4배, 우울증은 2배, 외상 후 스트레스 장애는 4배 더 많이 앓고 있었다.[152] 이후 지하철 역사 스크린도어 설치, 사고 발생 시 24시간 이내 전문가 상담, 직무스트레스 및 정신건강 관리, 응급상황(자살) 위기 개입 등 관리 대책이 세워졌다.[153]

스트레스(stress)는 중세 영어 'Stresse'에서 파생된 단어로 고난, 고통을 뜻한다.[154] 스트레스는 **스트레스 요인**(stressor)과 **스트레스 반응**(stress response)을 포함한 단어이다. 더위, 추위, 소음, 심한 육체노동, 신체적 외상, 정신적 충격, 따돌림, 사람과의 갈등 등이 스트레스 요인이며 이로 인한 혈압 상승, 심박수 증가, 인지능력 감소, 신체 대사 변화 등이 스트레스 반응이다. 일반적으로 스트레스를 받으면 인체는 교감신경이 활성화되어 싸우거나 도망갈 때와 같은 투쟁-도피 반응(fight-flight response)이 일어난다. 급성으로 스트레스에 노출되면 수분 내 혈액 내 카테콜아민(에피네프린, 노르에피네프린)과 코티솔(cortisol) 같은 스트레스 호르몬이 증가한다. 반복적인 스트레스는 자율신경계 각성을 지속시키고 고혈압을 유발할 수 있다. 또한 강한 스트레스가 지속되면 혈액 내 응고인자(Factor VII, Factor VIII)가 증가하여 피가 걸쭉하게 변해 뇌심혈관계 질환 및 돌연사의 원인이 될 수도 있다. 만성 스트레스는 인체의 항상성(homeostasis)을 망가뜨려 각종 질병의 원인이 되며 불안, 우울,

---

152) 직업건강 가이드라인: 철도 기관사, 산업안전보건공단.
153) 사상사고 경험 철도기관사의 외상 후 스트레스 장애 증상에 관한 연구, 연세대학교 대학원 보건학과 염병수 박사학위 논문.
154) 직무스트레스의 현대적 이해(2판 부분개정), 강동묵 외, 고려의학, 2016.

분노, 충동적 행동, 공황 장애, 급성 스트레스 반응, 외상 후 스트레스 장애, 폭력, 알코올 중독, 약물 남용, 자살 등 정신과적 질환의 원인이 된다. 임산부가 지속적인 스트레스를 받으면 조기 진통, 조산, 태아 성장 지연으로 저체중아(체중, 머리둘레 감소)를 출산할 가능성이 높아지므로 특히 주의가 필요하다.

그렇다고 스트레스가 꼭 나쁜 것만은 아니다. 적당한 스트레스는 각성, 집중, 면역력 증가, 내성 강화, 동기 부여 등 좋은 역할을 하기도 한다. 이와 같이 바람직한 스트레스를 **유스트레스(eustress)**라고 하며 일반적으로 생각하는 바람직하지 않은 스트레스를 **디스트레스(distress)**라고 부른다.

일을 할 때도 스트레스를 받는다. 미국 국립산업 안전보건 연구원(National Institute for Occupational Safety and Health, NIOSH)은 **직무스트레스(work-related stress)**를 업무상 요구사항이 근로자의 능력이나 자원, 요구와 일치하지 않을 때 생기는 유해한 신체적, 정서적 반응이라고 정의하였다. 선진국에서는 직무스트레스가 허리 통증과 같은 근골격계 질환 다음으로 가장 흔한 업무 관련 건강문제가 되어 버렸다. 또한 직무스트레스는 근로자의 지각, 결근, 사고 위험성을 증가시켜 결국 생산성 감소로 이어진다.

산업안전보건법 제5조(사업주 등의 의무)에 의거, 사업주는 근로자의 신체적 피로와 정신적 스트레스 등을 줄일 수 있는 쾌적한 작업환경의 조성 및 근로조건 개선을 해야 한다. 또한 산업안전보건기준에 관한 규칙 제669조(직무스트레스에 의한 건강장해 예방 조치)에 의거, 사업주는 근로자의 직무스트레스로 인한 문제를 예방하기 위한 아래와 같은 조치를 해야 한다.

① 작업환경, 작업 내용, 근로 시간 등 직무스트레스 요인에 대하여 평가하고 개선 대책을 마련한다(근로 시간 단축, 순환작업 등).
② 작업량, 작업 일정 등 작업계획 수립 시 근로자 의견을 반영한다.
③ 작업과 휴식을 적절히 배분하는 등 근로 시간과 관련된 근로 조건을 개선한다.
④ 근로 시간 외 근로자 활동에 대한 복지 차원의 최선의 지원을 한다.
⑤ 검진 결과, 상담 자료를 참고해 근로자를 적절히 배치하고 직무스트레스 요인, 건강 문제 발생 가능성 및 대비책을 근로자에게 충분히 설명한다.
⑥ 뇌혈관 및 심장질환 발병 위험도를 평가하여 금연, 고혈압 관리 등 건강증진 프로그램을 시행한다.

직무스트레스를 평가하기 위해 대표적으로 사용하는 설문 검사로 **한국인 직무스트레스 측정 도구**(Korean Occupational Stress Scale, KOSS)가 있다. 한국인 직무스트레스 측정 도구는 총 43개 문항으로 구성되어 있고 "전혀 그렇지 않다", "그렇지 않다", "그렇다", "매우 그렇다"로 각각 1-2-3-4점을 부여하고 100점으로 환산해 점수가 높을수록 직무스트레스가 높은 것으로 평가한다. 한국인 직무

스트레스 측정 도구의 구체적인 평가 영역은 아래 8가지이다.[155]

1) 물리적 환경

: 작업 방식의 위험성, 공기 오염, 신체부담 등 근로자가 처해 있는 물리적 환경에 관한 평가이다.

2) 직무 요구

: 업무에 대한 부담정도로 시간적 압박, 업무량 증가, 책임감 등에 관한 평가이다.

3) 직무 자율성 결여

: 업무에 의사결정 권한이 있는지 알아보는 것으로 기술적 재량, 자율성, 업무 예측가능성, 수행 권한 등에 관한 평가이다.

4) 직무 불안정

: 고용 불안정, 구직 기회 여부 등에 관한 평가이다.

5) 관계 갈등

: 상사, 동료의 도움과 지지가 있는지 평가한다.

---

155) 직무스트레스요인 측정 지침, KOSHA GUIDE H-67-2022.

6) 조직 체계

: 조직의 목표 및 운영체계, 자원, 갈등, 합리적 의사소통 가능 여부 등에 관한 평가이다.

7) 보상 부적절

: 업무에 대한 기대하고 있는 존중과 보상이 적절한지 평가한다.

8) 직장 문화

: 한국적인 집단주의적 문화, 비합리적 의사소통, 비공식적 직장문화가 있는지 평가한다.

직무스트레스를 줄이기 위한 하나의 방안으로 **근로자 지원 프로그램**(Employee Assistance Program, EAP)을 들 수 있다. 근로자 지원 프로그램은 근로자의 직무 만족이나 생산성에 악영향을 미치는 여러 문제 해결에 도움을 주는 기업 복지 제도이다. 근로자 지원 프로그램은 회사 자체에서 시행하는 내무 모델과 전문 업체에 외탁하는 외부 모델로 구분한다. 내부 모델은 물리적으로 근로자가 쉽고 편리하게 이용할 수 있으며 요구 사항을 신속히 대처할 수 있는 장점이 있으나 근로자의 상담 내용이 유출되거나 변질될 수 있는 단점이 있다. 반면 외부 모델은 전문성이 있으나 시간적으로 제약이 있을 수 있고 각각의 회사 문화나 특수성이 고려되지 않을 수 있는 단점이 있다. 근로복지공단은 근로복지넷을 통해 근로자 지원 프로그램을 제공하고 있다.[156] 상시 근로자 300인 미만 중소기업과 소속 근로자는 온라인으로 신청해 아래와 같은 서비스를 무료로 받을 수 있다(이용 횟수 1인당 연 최대 7회까지).

1) 직무스트레스 관리 프로그램

: 의사소통 기술, 시간 관리, 성희롱 예방, Burn-out 예방, 위기관리, 자살 예방, 심리 상담을 받는다.

2) 건강, 생활습관 관리 프로그램

: 이완, 명상, 스트레칭, 비만, 금연, 중독 예방 교육을 받는다.

3) 재정, 법률, 노무 프로그램

: 전문가 연계 상담을 받는다.

---

156) 근로복지넷 홈페이지: EAP 서비스.

13. 뮤지컬 배우의 우울증

"24세 뮤지컬 여배우 오지예입니다. 정신건강의학과에서 우울증을 진단받고 치료를 받고 있습니다."

지예 씨는 대학로에서 주목받고 있는 뮤지컬 배우이다. 뮤지컬 배우를 꿈꾼 건 고등학교 때 연극반 동아리를 시작하면서부터다. 작은 무대였지만 그때 연기의 재미를 알게 되었고 무대를 마치고 내려올 때 느끼는 행복감은 아직까지 뮤지컬 배우를 하는 데 큰 동기가 되고 있다. 지예 씨는 첫 공식 무대에 섰을 때 관객들로부터 큰 호평을 받았다. 일약 라이징 스타가 되었다. 이것이 그냥 얻어진 것은 아니다. 지예 씨는 적극적이고 매우 꼼꼼한 성격의 노력파 배우이다. 성공적인 공연을 위해 끊임없이 노력하고 남들보다 더 많은 것을 준비하고 무대에 오른다. 지예 씨는 작은 성공에도 감사해하며 남몰래 기부도 많이 하는 편이다. 그런데 공연 중에는 항상 어느 정도의 실수는 있기 마련이다. 웃어넘길 수도 있지만 지예 씨는 항상 자신의 실수를 되새기고 고치려고 노력한다. 큰 실수를 하는 날에는 잠을 설치는 경우도 있다. 지예 씨는 올해 데뷔 4주년 축하를 받았다. 이제 길을 걷다 보면 알아보고 인사를 해 주는 사람들도 있다. 그러던 어느 날 SNS(Social Network Service)를 통해 처음으로 지예 씨에 관한 악플을 보게 되었다. 고의적이고 지속적으로 악플을 다는 사람도 있었다. 지예 씨의 마음 속 상처가 점점 더 깊어졌다. 무대에 서는 것이 점점 불안해지고 관객들이 자신을 좋지 않은 시선으로 보고 있는 것처럼 느껴졌다. 무대를 마치고 내려오면 행복감보다는 걱정과 우울감이 밀려왔다. 점점 감정 조절을 하기 힘들어 뮤지컬 배우를 계속할 수 없을 지경에 이르렀다. 결국 정신건강의학과에 들러 의사와 상담을 했다. 의사는 우울증이라며 약을 처방해 주었다.

우울증(depression)은 우울함과 의욕 저하가 지속되는 정신질환이다. 살다 보면 누구나 화가 나고 슬프고 우울한 사건이 생길 수 있다. 상처가 아물듯 일시적인 기분 변화는 시간이 지나면 좋아진다. 그런데 우울증은 우울함이 전반적인 기분, 생각, 행동에 영향을 미쳐 일상생활을 지속하는 데 어려움을 준다. 세계보건기구(WHO)는 인류에게 가장 큰 부담을 초래하는 10대 질환 중 우울증을 3위로 보고하였다. 우리나라에서도 우울증은 심각한 건강 문제가 된 지 오래다. 우리나라 사람이 평생 우울증을 경험하는 비율은 3.3~5.6%이다.[157] 우울증은 여성에서 더 흔하며 이른 나이에 발병한 경우 치료가 더 어렵다.

우울증을 유발하는 위험요인은 크게 유전적, 기질적, 사회 환경적 원인으로 구분한다.[158]

---

157) 한국의 우울증 역학에 대한 고찰, 박준혁 외, J Korean Med Assoc, 2011.
158) Review of reactive depression and endogenous depression concepts, Sungwon Choi, et al., Korean Journal of Clinical Psychology, 2018.

1) 유전적 원인

: 일란성 쌍둥이 중 한명이 우울증이면 나머지 한명도 우울증에 걸릴 확률이 50%이다. 세로토닌 수송체 유전자에서 짧은 대립유전자를 가진 사람의 경우 우울증 발병 위험이 증가한다.

2) 기질적 원인

: 기질적이라는 것은 피부, 근육, 신경, 뇌 등 인체 조직 자체에 문제가 있는 것을 말한다. 뇌의 신경전달물질과 호르몬 이상 등도 우울증의 원인이 된다. 고령, 뇌졸중, 치매 등 질환이 있는 경우에도 우울증이 발생할 수 있다.

3) 사회 환경적 원인

: 이혼, 별거, 사별, 미혼, 만성 질환, 흡연, 낮은 교육 수준 등에서 우울증 발병 위험도가 증가한다.

우울증은 삶의 즐거움, 흥미, 활력이 감소하고 우울한 기분이 지속되는 것이 특징적인 증상이다. 그리고 피로, 식욕 저하(또는 증가), 수면 저하(또는 증가), 집중력 감소, 인지능력 저하, 망상도 생길 수 있다. 대표적인 우울증 선별 검사(screening test)[159]로 PHQ-9(Patient Health Questionnaire-9) 설문 검사가 있다. PHQ-9

---

159) 선별 검사는 정상과 이상 정도를 구분하는 비교적 간단한 검사이다. 선별 검사에서 이상이 있는 경우 더 자세한 진단 및 확진 검사를 한다.

는 최근 2주간 우울 증상과 관련한 9개 문항을 자가로 평가하는 간단하고 신속한 검사이다. 총 점수가 10점 이상이거나 자살 관련 문항인 9번에 이상이 있는 경우 정신건강의학과 전문의 상담이 필요하다.

미국 정신의학회(American Psychiatric Association, APA)의 정신장애 진단 및 통계 편람-5(Diagnostic and Statistical manual of Mental disorders, DSM-5) 기준에 의하면 아래 증상 중 5개 이상이 2주 연속 지속되며 그로 인해 일상생활을 지속하기 힘든 경우 우울증으로 진단한다. 다만 이런 증상이 다른 질환에 의한 것이 아니어야 한다.[160]

① 하루 중 그리고 거의 매일 우울함이 지속된다.
② 거의 매일 하루 중 거의 모든 일상 활동에 흥미나 즐거움이 감소한다.
③ 의도적이지 않은 의미 있는 체중 변화(1개월 동안 5% 이상)가 있다.
④ 거의 매일 나타나는 불면 또는 수면 과다 증상이 있다.
⑤ 거의 매일 나타나는 초조 또는 지연 증상이 있다.
⑥ 거의 매일 나타나는 피로 또는 활력 감소 증상이 있다.
⑦ 거의 매일 나타나는 무가치감 또는 과도한 죄책감 증상이 있다.

---

160) 일차 의료용 근거기반 우울증 권고 요약본, 대한의학회, 질병관리청, p.54.

⑧ 거의 매일 나타나는 집중력 저하 또는 우유부단함 증상이 있다.
⑨ 반복적인 죽음에 대한 생각, 자살 계획 또는 시도를 한다.

우울증 치료는 급성기(첫 3개월), 지속기(4~12개월), 유지기(1년 이상)로 구분하여 접근한다.[161] 우울증을 치료하기 위해서 격려, 조언, 교육과 같은 지지적 정신 치료, 부정적 사고를 긍정적으로 전환하는 인지치료를 기반으로 약물 치료를 병행한다. 우울증의 기본 약물치료는 선택적 세로토닌 재흡수 억제제(SSRI), 세로토닌-노르에피네프린 재흡수 억제제(SNRI)인데 약물 치료 효과를 평가하기 위해 최소 2주 이상은 꾸준하게 약물을 복용해야 한다. 우울증의 약물 치료의 최대 효과는 8~12주 후에 달성된다.

직업적으로도 업무 긴장, 감정노동, 노력-보상 불균형, 장시간 노동, 야간근무, 직업 불안정 등에 의해 우울증이 발생할 수 있다.[162] 특히 뮤지컬 배우, 가수, 댄서 등 공연예술인은 관객들로부터 평가를 받는다. 부정적 평가는 공연 예술인에게 스트레스 반응을 유발하고 혈액 중 스트레스 호르몬 수치를 증가시킨다. 평균 나이 31.8세, 여성 121명, 남성 18명의 무용수를 대상으로 한 우울증 연구에서 금전적 보상과 더불어 전문가, 동료, 특정 관객, 불특정 관객, 불특

---

161) 일차 진료에서의 우울증, 신진영, KJFP, 2020.
162) Depressive symptoms among dance artists in South Korea: balance between self- and social identity on job value, Sung-Shil Lim, et al., Ann Occup Enrion Med, 2019.

정 대중을 통한 평가는 무용수들의 우울증과 관련한 요소였으며 자신에 대한 본인 평가(자아 정체성)와 타인의 평가(사회적 정체성)에 균형이 유지되는 경우 우울 증상이 적었다. 따라서 무용수들은 좋은 방법으로 스트레스를 해소하고 남의 평가를 너무 신경 쓰지 않고 자신을 스스로 좋게 평가하는 것이 필요하다.

우울증 예방하기 위해서는 활동 계획을 세워 균형 잡힌 영양 섭취와 함께 하루 30분 이상 가볍게 땀나는 운동을 규칙적으로 하는 것이 좋다. 또한 친한 친구, 가족, 동료를 만나 자주 대화해야 한다. 그리고 주요 우울증 환자의 70~80%는 약물치료로 증상이 호전되는 것으로 보고되었기 때문에 우울증이 의심되는 경우 조기에 정신건강의학과를 방문하여 상담 및 치료를 받는 것을 추천한다.[163]

---

163) 근로자의 자살 및 우울증 예방을 위한 사업장 지침, KOSHA GUIDE H-37-2021.

14. 신입 간호사의 자살

"야 너 간호사가 사람 죽이려고 그래!"

짤막한 메모를 남기고 신입 간호사가 스스로 목숨을 끊었다. 대학병원 중환자실의 과중한 업무, 중압감, 피로, 태움 문화는 여린 그녀가 버티기엔 너무 버거웠다.

자살(suicide)은 자기 생명을 스스로 끊는 것을 말한다. 2021년에 우리나라 자살자는 총 15,906명이다. 자살 생각, 자살 계획, 자살 시도를 모두 포함하는 자살 행동(suicidal behavior)은 실제 자살 사망자 수의 10~20배 더 많은 것으로 추정된다.[164] 우리나라의 자살률은 인구 10만 명당 31.7명으로 경제협력개발기구(Organization for Economic Co-operation and Development, OECD) 국가 중 가장 높은데 그 수치는 OECD 평균의 2배에 달한다. 자살은 암, 심장 질환, 폐렴, 뇌혈관 질환에 이어서 우리나라에서 5번째로 높은 사망 원인[165]이며 10~30대에서는 첫 번째 원인이다.[166] 부정적 감정은 주변으로 전파되는 특징이 있는데 이를 '감정

---

164) 직업건강 가이드라인: 근로자 자살 예방, 산업안전보건공단.
165) 2023 국가 암등록통계사업 안내, 보건복지부.
166) 2022 자살백서, 보건복지부, 한국생명존중희망재단.

전염(emotional contagion)' 또는 '넘침 효과(spillover effect)'라고 한다. 대한민국은 사회 전반에 부정적 감정이 전염되고 넘치고 있다.

자살의 원인은 단면적인 것이 아니라 개인적 사회적 환경적 요인이 복합적으로 작용하는 입체적인 것이다. 자살의 원인은 아래와 같이 소인 요인, 촉발 요인, 보호 요인으로 구분한다. 자살에 취약한 소인 요인에 촉발 요인이 더해져 자살로 이어지는데 보호 요인이 이를 예방할 수 있다.

1) 소인 요인
: 가족력, 기저질환, 물질 사용 장애(알코올, 마약 중독 등), 정신 심리적으로 자살에 취약한 개인적이고 기초적인 요인이다.

2) 촉발 요인
: 충격적인 사건, 스트레스, 따돌림, 태움과 같은 자살을 결심하게 하는 요인이다.

3) 보호 요인
: 가족, 친구, 동료, 상사의 지지, 종교, 규칙적 운동 등 자살을 예방하는 요인이다.

놀랍게도 우리나라 전체 자살 건수의 35.2%는 근로자 자살이다. 근로자 자살 건수는 2000년과 비교해 2011년 2배 이상 증가했다. 2013년 자살 관련 산재 신청은 53건이었고 이 중 20건이 인정된 것에 비해 2021년에는 자살과 관련하여 무려 총 158건의 산재 신청이 있었고 이 중 88건이 인정되었다.[167] 근로자 자살의 원인은 과도한 업무량, 대인 관계 갈등, 감정노동(emotional labor), 고용 불안 등이다. 자살로 산재를 신청한 근로자의 스트레스 요인 빈도를 조사해 보니 업무 질 변화, 급성 충격적 사건(직장 내 사건·사고, 폭력, 해고 등), 업무량 변화, 책임 변화 순으로 높았다.[168]

근로자 자살 중에는 감정노동에 종사하는 서비스 판매직의 자살이 가장 높은데 그 수가 지속적으로 증가하고 있다. **감정노동**은 연기하는 배우처럼 일을 하면서 다른 사람의 기분을 좋게 하기 위해 자신의 감정을 변형해야 하는 일이다.[169] 간호사, 스튜어디스, 판매원, 상담원, 홍보 도우미, 아나운서 등이 대표적인 감정노동자들이다. 감정노동자는 소규모 사업장에 종사하고, 여성 근로자 비율이 높고, 급여와 근속 연수가 낮은 경향이 있다.[170] 아무리 손님이 왕인 대한민국 문화 속에서 일하는 감정노동자라도 인격적 무시, 욕설,

---

167) 근로복지공단 보도자료: 서울 아산병원 故 박선욱 간호사 업무상 질병 인정.
168) "직장인 정신질환 자살 산재자, 지난해 '역대 최다'였다", 정민혁 기자, 안전신문, 2022년 6월 20일.
169) 감정노동에 따른 직무스트레스 예방 지침, KOSHA GUIDE H-24-201.
170) 고객응대 근로자의 감정노동 평가 지침, KOSHA GUIDE H-163-2021.

폭행 앞에서 억지로 웃음을 짓는 것은 쉬운 일이 아니다. 감정노동자들의 감정 관리법은 아래와 같다.[171] 당연한 조언이지만 한번 읽어 보고 활용해 보면 도움이 된다.

1) 고객 입장 생각하기

: "일부러 무시하려고 한 것은 아니야, 그런 상황에서는 나도 그럴 수 있어."

2) 일과 나 분리하기

: "일 때문에 생긴 일이야. 내 잘못이 아니야."

3) 스스로 격려하기

: "어려운 상황을 잘 이겨 냈어. 참 잘했어."

4) 감정 털어 내기

: 수다, 글쓰기 등으로 감정을 표현하고 해소한다.

5) 생각 멈추기

: "그건 지난 일이야. 어쩔 수 없는 일이야."

---

171) 감정노동 종사자 건강보호 가이드, 고용노동부, 산업안전보건공단.

정신질병도 직업병이다.[172] 근로기준법 제76조의2(직장 내 괴롭힘의 금지)에 따른 직장 내 괴롭힘, 고객의 폭언, 업무 관련 충격 유발 사건, 폭행 등 업무상 정신적 스트레스가 원인이 되어 정신질병이 생기거나 이로 인해 자살한 경우 산재에 해당한다. 정신질병은 의식, 사고, 기억, 판단, 의지 결정, 감정, 욕구 등과 같은 고차적인 정신 기능이 나빠져 고통이 생기는 임상적 증후군이다. 정신질병은 다양한 원인이 복합적으로 작용하여 발생하므로 정신질병의 업무관련성평가는 더 세밀한 조사와 신중한 판단이 필요하다. 정신질병의 업무 관련성 조사 지침을 간략히 요약하면 아래와 같다.[173]

1) 신청된 정신질병 확인

: 요양급여 신청서, 정신건강의학과 주치의 소견서, 의무 기록, 임상심리검사(full battery) 등을 통해 진단명, 최초 진단 시기, 정신질병 상태, 장애 등급 등을 확인한다. 대표적인 정신질병은 우울증, 불안 장애(공황 장애), 조현병(정신분열증), 적응 장애, 급성 스트레스 장애, 외상 후 스트레스 장애, 수면 장애, 자살 등이 있다. 신청 정신질병이 임상심리사 1급 자격을 가진 전문가를 보유한 산재보험 의료기관인 특진 의료기관에서 진단된 것인지 확인한다. 주치의가 정신건강의학과 전문의가 아니거나 임상심리검사 결과가 없는 경우 특별 진찰을 수행해야 한다.

---

172) 굴뚝 속으로 들어간 의사들, 강동묵, 한국노동안전보건연구소 기획, 나름북스, p.72~81.
173) 정신질병 업무 관련성 조사 지침, 근로복지공단.

2) 업무상 스트레스 요인 및 심각도 확인

: 사업장 개요, 직업력, 직무 내용, 근무시간 및 형태를 확인하고 근로자에게 스트레스 수준이 높은 업무상 사건이 있었는지 조사한다. 객관적인 직무스트레스와 심각성 파악을 위해 공식 문서, 녹음, 동영상, 동료들 진술의 일관성, 경찰, 법원, 지방 노동위원회 조사 및 판결, 사업장의 공식적 자체 조사 결과도 확인한다.

3) 업무 외 스트레스(개인적 요인 및 특성) 확인

: 건강보험 수진 내역을 확인하고 근로자의 신체적, 정신적 질병 여부를 확인한다. 또한 개인 성격, 성향, 이별, 이혼, 사별, 별거, 임신, 유산, 가족과의 불화, 가족의 사망, 금전 문제, 법적 문제, 주거 환경 변화, 타인과의 관계 문제 등이 있었는지 조사한다.

4) 자살 행동이 있는 경우 추가 조사

: 자살 행동이 있었던 경우 정신적 증상 발현 시점, 자살 수단, 자살 직전 상황, 유서, SNS, 경찰 조사 내용, 유서 등을 조사한다. 자살 행동 직전 음주, 폭언, 사직서 반려 등 구체적인 사건과 근로자의 반응 등을 확인한다.

5) 업무관련성평가

: 업무와 상당한 인과관계가 있었는지 종합적으로 판단한다.

태움은 영혼이 재가 될 때까지 태운다는 의미로 주로 대학병원 간호사들 사이에서 쓰이는 은어이다. 근로기준법 제76조의2(직장 내 괴롭힘의 금지)에 의거, 직장 내 괴롭힘은 직장에서의 직위 또는 관계 등의 우위를 이용하여 업무상 적정 범위를 넘어 다른 근로자에게 신체적 정신적 고통을 주거나 근무 환경을 악화시키는 행위이다. 태움 역시 **직장 내 괴롭힘**에 해당한다. 직장 내 괴롭힘은 더 이상 방치할 수 없는 심각한 사회문제가 되었다. 간호사들의 태움 문화, 사업주의 폭행, 재벌가의 폭언, 성희롱 등이 사회적인 이슈로 부각되고 있는데 일반 직장인의 약 70%가 직장 내 괴롭힘을 당한 적이 있다고 답변했다.[174]

사업주는 근로자 자살 예방을 위한 안전보건 조치를 실시해야 한다.[175] 근로자의 정신건강 상태를 파악하고 일반 근로자, 자살 고위험군, 자살 시도자를 구분해 관리해야 한다. 자살 위험 대상자를 조기에 발견하고 전문 기관 상담 및 치료를 받게 하고 위급 상황에서 자살 시도를 방지하기 위한 지속적 관리 지원자인 게이트 키퍼(gate keeper)인 관리감독자를 선입하고 훈련시켜야 한다. 생명 존중, 가족 지원, 직무스트레스 및 우울 관리 등을 위한 지속적인 근로자 교육 및 지원도 필요하다. 자살 위험자는 일반적으로 언어적, 행동적, 상황적 신호를 보낸다. 특히 최근 1년 내 자살 시도를 하였거나 예

---

174) 직장 내 괴롭힘 판단 및 예방 대응 매뉴얼, 고용노동부.
175) 근로자의 자살 및 우울증 예방을 위한 사업장 지침, KOSHA GUIDE H-37-2021.

측하기 어려운 감정과 행동을 보이거나 자살 도구를 가지고 다니거나 술 문제가 있거나 난치성 질환을 앓고 있거나 자살하겠다고 습관적으로 말하는 사람은 자살 징후를 보이는 자살 위험자이므로 특별 관리해야 한다. 근로자 역시 평소 긍정적으로 세상을 보고, 감사한 마음으로 살고, 반가운 마음으로 인사하고, 칭찬하고, 웃고, 상대의 입장에서 생각하고, 규칙적으로 식사하고 운동하는 등 평소 좋은 생활습관과 태도로 신체적 정신적 건강을 유지해야 한다.

치열한 경쟁 사회 속에서 부족하거나 평범하지 않으면 정신질병이 있는 것일까? 정신질환자는 정신 병원으로 치워 버려야 할까? 소방서에서 한 정신과 의사에게 '정신질환자에 대한 대처 방안'이라는 주제로 강의를 요청을 했다. 그리고 그 의사는 강의에서 첫마디로 이렇게 말했다.[176]

"정신질환자에 대한 대처를 하라니요. 정신질환자가 무슨 화재입니까?"

오늘도 일터에서 일하던 근로자가 죽는다. 매년 2,000명 이상의 근로자가 일 때문에 죽고 있다. 경쟁과 개인주의가 심화된 사회에서 우리는 그와 그 가족의 슬픔과 아픔에 공감하지 않는다. 그래도 우리는 그들의 비명에 귀를 기울여야 한다. 그 비명이 후의 내 비명이

---

176) 마음이 아파도 아프다고 말할 수 있는 세상, 안병은, 한길사, 2020.

기도 하기 때문이다. 캐런 메싱(Karen Messing)은 이것을 **공감 격차(empathy gap)**라고 불렀다.[177] 사업주나 근로자 입자에서 역지사지하려는 의지나 능력이 없는 것을 의미한다. 그 공감 격차를 줄이는 것이 성숙한 사회이다.

---

177) 보이지 않는 고통, 캐런 메싱, 동녘, 2017.

VI.
기타 직업병

15. 니켈 도금 근로자의 접촉성 피부염

"니켈 도금 공장에서 일하고 있는 28세 남성 김동건입니다. 일하면서 피부병이 생겼는데 직업병안심센터를 소개받아 무료로 진료를 받고 있습니다."

동건 씨는 조선소에서 3년 정도 일하다 2년 전 집에서 가까운 니켈 도금 공장으로 이직하였다. 여름철 도금 공장 안은 더워서 반팔 작업복에 팔 토시를 착용하고 일한다. 도금 공장으로 이직한 해 초여름 토시를 착용한 부위인 양쪽 위팔과 목뒤 피부가 가렵기 시작했다. 일을 쉬는 주말에는 좋아졌다가 일을 하는 주중에는 다시 가려운 것이 반복되었다. 한여름에는 온몸이 심하게 가렵고 특히 양쪽 위팔과 목 부위는 빨갛게 변하고 피부에 오돌토돌한 것이 올라왔다. 집에 와서 샤워 후 이상 부위를 스마트폰으로 촬영했고 피부과를 가보려고 했으나 그러지 못하고 여름이 지나가 버렸다. 날씨가 점점 추워지면서 토시를 벗고 긴팔 작업복으로 바꿔 입으면서 피부 증상은 조금씩 좋아졌다.

해가 바뀌고 동건 씨는 특수건진을 받으러 병원에 왔는데 특수건진 설문지에 피부에 이상이 있었다고 체크했다. 기본 검사를 받고 만난 특수건진 의사는 동건 씨의 피부 이상에 대해 자세히 물었다.

동건 씨는 다행히 지난여름에 촬영했던 사진이 스마트폰에 남아 있어 의사에게 보여 주었다. 의사는 양해를 구하고 피부 증상이 있었던 부위를 보여 달라고 했다. 작년 여름에 피부 증상이 생겼다 사라진 부위에 경미하지만 흔적이 조금 남아 있었다. 의사는 직업적으로 발생한 접촉성 피부염이 의심된다며 일을 할 때 항상 적합한 작업복과 보호구를 착용하고 작업장을 주기적으로 환기하고 청소하라며 예방의 중요성을 설명했다. 그리고 직업병안심센터를 소개하면서 가까운 지역 직업병안심센터의 전화번호를 알려 주었다.

동건 씨는 직업병안심센터에 전화해 외래 진료 예약을 했다. 동건 씨는 예약한 날에 미리 요청받은 물질안전보건자료(MSDS)와 작업환경측정 결과를 제출하고 직업환경의학과 전문의를 만났다. 의사는 피부 증상과 변화, 직업력(현재 과거 직업, 작업 공정, 취급 물질 등), 질병력(현재 과거 피부 질환 및 전신 질환 유무, 약물 복용 여부 등), 취미, 여가 활동 등에 대해 자세히 물었다. 의사는 알레르기 접촉성 피부염이 의심된다고 **첩포 검사(patch test)**를 해야 한다고 했다.[178]

접촉성 피부염(contact dermatitis)은 자극성 물질이나 알레르기 항원에 노출되어 발생하는 피부 질환이다. 접촉성 피부염은 직업적으로 발생하는 피부 질환의 90% 이상을 차지하는데 손과 팔에 흔히 발생한다. 접촉성 피부염은 아래와 같이 자극 접촉성 피부염과 알레르기 접촉성 피부염으로 구분한다.[179]

---

178) 접촉피부염의 작업 관련성 평가 지침, KOSHA GUIDE H-130-2021.
179) 직업환경의학(개정판), 대한직업환경의학회 편, 계축문화사, p.303.

1) 자극 접촉성 피부염(irritant contact dermatitis)

: 일정 농도 이상의 유해물질에 노출될 때 거의 모든 사람에게 발생하는 피부염이다. 강산, 강알칼리, 기저귀, 벨트 접촉에 의한 피부염, 주부 습진 등이 여기에 해당한다. 직접적인 세포독성 효과에 의해 발생하며 피부 홍반, 박리, 균열을 동반한 습진 양상으로 환자가 타는 것 같은 피부 통증(작열감)을 느끼는 것이 특징이다.

2) 알레르기 접촉성 피부염(allergic contact dermatitis)

: 적은 양의 유해물질 노출임에도 그 물질에 민감한(감작된) 사람에게 발생하는 피부염이다. 의학적으로 지연형 세포 면역 반응으로 발생하며 노출 12~48시간 이내 피부 홍반, 부종, 수포를 동반한 습진 양상으로 환자가 심한 가려움을 느끼는 것이 특징이다.

첩포 검사는 일정한 농도로 희석한 유해물질(알레르겐)을 특수 용기에 담아 밀폐하여 피부에 붙이고 48시간 후에 제거한 후 피부 반응을 확인하는 검사이다.[180] 피부 부착 후 최소 30분 후에 피부 반응을 관찰하고 96시간 후에 발생하는 과민 반응을 확인한다. 이를 위해 월·수·금요일 등 일정한 간격으로 병원에 방문해야 한다. 첩포 검사는 급성기 병변이 사라지고 피부 염증이 가라앉은 상태에서 검사하는 것이 좋다.[181] 정상인은 첩포 검사 후에 피부 이상 반응이 일

---

180) 직업성 유해물질은 보통 1:100 이상으로 희석하여 개방검사를 먼저 시행한 후 첩포 검사를 한다.
181) 직업환경의학(개정판), 대한직업환경의학회 편, 계축문화사, p.299~300.

어나지 않는다. 동건 씨는 사업장에서 사용하는 유해물질인 니켈 검사에서 지연성 과민 반응이 생겨 알레르기 접촉성 피부염으로 진단되었다. 이후 동건 씨는 직업병안심센터가 있는 대학병원의 피부과에서 무료로 연고와 복용약을 받아 치료를 받고 있다.

직업병안심센터는 직업병을 조기에 발견하고 예방하여 건강하고 안전한 일터를 만들기 위해 고용노동부에서 주관하고 있는 사업이다.[182] 직업병안심센터는 직업병 의심 사례를 발굴하고 현장 조사를 통한 업무관련성평가를 수행하고 있으며 직업병이 의심되는 근로자에게는 무료로 건강 상담 및 진료를 해 준다. 고용노동부는 2022년 4월 1일 우리나라 최초로 직업병안심센터를 개소하였고 현재는 서울, 인천, 경기 남부, 경기 북부, 강원, 대전 충청, 대구 경북, 부산 울산, 경남, 광주에 지역별로 사업을 운영하고 있다. 직업병안심센터로 보고되는 질환은 유해물질 중독(응급의학과), 만성 폐쇄성 폐질환, 진폐증, 천식(호흡기 내과), 급성 중추 신경계 질환, 말초 신경염, 파킨슨 증후군(신경과), 접촉성 피부염, 알레르기성 피부염, 백반증(피부과), 폐암, 혈액암, 비인두암, 방광암(암센터), 천식, 비염, 아토피 질환(알레르기 내과) 등 매우 다양하기 때문에 직업환경의학과뿐만 아니라 여러 임상 진료과에서 협력하고 있다. 비직업성 원인이 확실한 경우를 제외하고 업무와 관련성이 의심되는 경우 직업병 의심을 신고할 수 있으나 외상성 사고, 근골격계 질환, 뇌심혈관계 질환, 정신질환, 소음성 난청 등은 제외된다. 직업병은 눈에 잘 띄지 않기 때

---

182) 직업병안심센터 홈페이지(https://www.kodsc.org).

문에 개인 질환으로 여겨지는 경우가 많다. 그러나 직업병은 직업적인 원인으로 질병이 발생하거나 기존에 있던 질병이 자연적인 진행보다 더 빠르게 악화된 것을 포함하는 넓은 개념의 질환이다. 따라서 직업병이 의심되는 근로자는 지역 직업병안심센터 또는 협력 병원에 직업병 의심 신고를 하여 도움을 받을 수 있다.

동건 씨가 하는 일인 **도금(plating)**은 부식을 막거나 금속 특성을 좋게 하기 위해 그 표면에 다른 금속을 얇게 덧입히는 일이다. 대부분 금속은 공기에 노출되면 수분, 산소 등에 의해 조금씩 부식된다. 금속에 도금을 하면 부식을 막고 내구성이 좋아져 상품 가치가 높아진다. 예를 들어 소형차 안쪽 문손잡이는 원래 투박한 플라스틱 재질인데 도금 후에는 금속처럼 세련되어 보인다.

국내 도금 사업장은 약 1,500개인데 대부분이 상시 근로자 20인 이하의 소규모 사업장이다.[183] 도금은 크게 화학 도금과 전기 도금으로 구분한다. 과거에 주로 사용했던 화학 도금은 도금할 금속에 수은 칠을 하고 그 위에 금속 박판을 올려 가열하는 방법이다. 그러면 금속 위에 있던 수은이 증발하면서 금속 박판에 있던 물질이 그 금속에 입혀진다. 현재 주로 사용하는 방법인 금속 도금은 도금할 금속을 도금액에 담그고 도금할 금속에는 (-)극, 도금액에는 (+)극을 연결해 산화 환원 반응이 일으켜 (-)극에 연결된 금속이 도금되도록 만든다. 금속 도금은 도금액 성분에 따라 니켈 도금, 구리 도금, 크

---

183) 업종별 위험성평가 모델: 전기도금업, 산업안전보건공단.

롬 도금, 아연 도금으로 구분하는데 일반적인 전기 도금 방법은 간략히 아래와 같다.[184]

1) 원자재 입고
: 지게차로 도금에 사용되는 원자재를 공장으로 이동한다.

2) 걸이 작업
: 도금을 쉽게 하기 위해 원자재를 걸이대에 건다.

3) 알칼리 탈지 및 수세
: 알칼리 탈지제를 사용해 원자재에 부착된 이물질을 없애고 물로 알칼리 탈지제를 세척한다.

4) 전해 탈지 및 수세
: 전해 탈지제를 사용해 원자재에 부착된 이물질을 제거하고 물로 전해 탈지제를 세척한다.

5) 약산처리 및 수세
: 염산을 사용해 원자재에 부착된 스케일 등 이물질을 제거하고 물로 염산을 세척한다.

---

184) 50인 미만 중소기업을 위한 안전보건관리체계 구축 가이드: 도금업, 고용노동부, 산업안전보건공단.

6) 중화 및 수세

: 가성소다를 사용하여 원자재에 부착된 염산을 중화하고 물로 세척하여 부식을 방지한다.

7) 전기도금 및 수세

: 도금액을 사용하여 원자재를 전기 도금하고 물로 다시 세척한다.

8) 후처리 및 수세

: 내식성 있는 멋진 피막을 얻기 위해 크로메이트제를 처리하고 물로 세척한다.

9) 코팅

: 수용성 무기물 코팅제를 사용해 도금된 제품의 내식성을 더 높인다.

10) 건조

: 열풍으로 도금된 제품을 건조한다.

11) 검사 및 포장

: 도금을 마친 제품을 검사하고 포장한다.

니켈(nikel, Ni)은 은회색의 금속으로 금속 니켈, 불용성 니켈 화합물(탄산 니켈, 산화니켈, 아황화니켈), 가용성 니켈 화합물(육수화질 산화니켈, 육수화 황산화니켈, 염화니켈)로 존재한다.[185] 직업적으로 니켈은 스테인리스강, 주방 기구, 자동차, 전자 부품 생산, 화학 공장, 건물 설비, 도금, 특수 함금 제조 등에서 노출될 수 있다. 니켈은 급성 노출 시 피부 자극 증상, 과민 반응, 피부염, 어지러움, 두통, 권태감, 소화기 증상이 생길 수 있고 만성 노출 시 접촉성 피부염, 부비동염, 비염, 비중격 천공, 후각 상실, 생식계 이상의 원인이 될 수 있다. 또한 국제암연구소(IARC)는 니켈 화합물을 폐암을 일으키는 1급 발암물질(Group 1)로 분류하고 있다. 니켈에 노출될 수 있는 작업장에서 일하는 근로자는 1년에 1회 이상 특수건진을 통해 흉부 X-ray, 폐기능 검사, 생물학적 노출지표(소변 중 니켈) 검사 후 의사 진료와 상담을 받는다.[186]

니켈 외에도 특수건진 대상 유해물질 중 피부 독성이 있는 물질은 많다.[187] 베릴륨, 크롬, 삼산화비소, 구리, 니켈, 안티몬, 알루미늄, 요오드, 주석, 지르코늄, 코발트, 비소, 황화니켈, 크롬산아연과 같은 금속, 목분진, 유리섬유, 오일미스트, 이산화질소, 전리방사선, 자외선, 적외선과 다양한 유기 화합물(Diethylene triamine,

---

185) 2023년 근로자건강진단 실무지침 제3권 유해인자별 건강장해, 2023-산업안전보건연구원-966, p.421~425.
186) 2023년 근로자건강진단 실무지침 제2권 유해인자별 특수건강진단 방법.
187) 직업환경의학(개정판), 대한직업환경의학회 편, 계축문화사, p.298.

1,2-Dichloroethylene, o-Dichlorobenzene, Tetrahydrofuran, Methyl butylketoen, Methl isobutyl-ketone, Glutaraldehyde, N,N-Diethyl-formamide, Cresol, Maleianhydride, Mehylene bisphenyl-isocyanate)은 피부 독성 물질이다. 이 중 니켈은 대표적으로 피부 알레르기를 유발하는 물질이다. 니켈 노출로 인해 조선소 용접, 연마 작업자 9명에서 단체로 발생한 직업성 접촉성 피부염 사례가 보고된 바 있다.[188]

직업성 접촉 피부염의 진단 기준인 **마티어스 기준(Mathias criteria)**은 아래와 같다.

1) 접촉 피부염 특성을 가진 임상 양상

: 급성기에는 홍반, 부종, 수포, 진무, 가피 등이 생기고 만성기에는 점점 피부가 두꺼워지면서 인설, 색소 침착이 생긴다. 환자는 진행 정도에 따라 가려움, 작열감, 통증을 느낀다.

2) 작업 중 알레르겐 및 자극 물질 노출 여부

: 물질안전보건자료(MSDS), 작업환경측정 자료 등을 통해 작업자가 작업환경에서 노출될 수 있는 원인 물질을 추정한다.

---

188) Nickel dust-induced occupational contact dermatitis by welding and grinding work in shipyard workers: a report of nine cases, Daehwan Kim, et al., Ann Occup Environ Med, 2022.

3) 작업 관련 부위와 피부염의 일치 여부

: 일반적으로 접촉 피부염은 작업 중 노출되는 부위와 일치한다. 화학물질에 접촉되어 발생하는 경우 화학물질이 흘러내린 것과 같은 피부 자국과 경계가 명확한 피부 병변을 확인할 수 있다. 그러나 알레르기 접촉 피부염의 경우 노출부위와 피부 병변이 반드시 일치하지 않을 수 있다.

4) 노출과 질병 발생과의 시간적 연관성

: 현재 업무 종사 전에는 동일한 피부 병변이 없어야 하며 원인물질 노출 후 피부 증상 및 병변이 생긴다. 그러나 피부 병변이 새로운 곳에 생기거나 기존 부위가 악화되는 경우도 있으니 주의가 필요하다.

5) 비직업성 요인 배제

: 취미, 여가 활동, 가정생활 등에서 노출된 물질에 의한 접촉 피부염이 아니어야 한다. 또한 아토피 피부염, 지루성 피부염, 습진, 백선 등 개인 피부 질환도 배제되어야 한다.

6) 추정되는 원인 물질 제거 후 피부염의 호전 여부

: 휴일에 쉬거나 유해물질에 노출되지 않는 부서로 작업 전환 후 증상이 호전되면 업무 관련성이 높다. 휴일 또는 휴가에서 복귀 시 피부 증상이 악화되거나 재발하는 경우 근무 시작과 동시에 악화되면 자극 접촉 피부염을, 2~3일 후에 악화되면 알레르기 접촉 피부

염을 의심할 수 있다. 휴일에 발생하는 경우 취미, 여가 활동으로 인한 유해물질 노출을 의심해 볼 수 있다.

7) 첩포 검사에 의한 원인 물질 증명

: 검사 시설, 장비, 해석 전문성이 요구되므로 전문 병원에서 수행하는 것이 좋다.

직업성 피부 질환을 예방하기 위해 사업주는 근로자에게 사용 물질에 대한 정보와 위해성을 교육하고 적합한 보호구를 지급해야 한다. 근로자 역시 일을 할 때 근무복을 착용하고 호흡기, 피부 보호구를 착용하고 유해물질에 가능하면 노출되지 않도록 주의해야 한다. 피부 증상이 생긴 경우 긁거나 만지지 말고 피부과 조기 진료를 받고 교대근무 혹은 작업 전환 등에 대해 관리자와 상의할 필요가 있다.

16. 프레스 작업자의 소음성 난청

"프레스 작업을 하고 있는 68세 남성 배기홍입니다. 언제부터인지는 기억나지 않지만 귀가 잘 들리지 않습니다."

기홍 씨는 22살에 군에 입대해 포병으로 31개월 동안 일했다. 제대 후 시골 고향에 내려와 농사를 돕다 강원도 삼척에 있는 탄광에서 석탄 캐는 일을 7~8년 정도 했다.[189] 1990년대 이후부터는 소규모 사업장에서 굴착, 파쇄, 연마, 가공, 성형 등 안 해본 일 없이 이런저런 일을 지속했다. 귀가 잘 들리지 않은 지는 오래되었다. 언제부터인지는 정확히 기억나지 않지만 주변 사람들과 대화할 때 반복해서 물었고 TV 볼륨을 크게 설정하고 듣고 크게 말하는 습관이 생겼다.

소리(sound)는 물체의 빠른 진동으로 인해 생기는 물리적인 압력 변화이며 **소음(noise)**은 주관적으로 생각하는 원치 않는 소리(unwanted sound)를 말한다. 따라서 같은 소리라도 어떤 사람에게는 그냥 소리이지만 다른 사람에게는 소음이 될 수 있다. 소리의

---

189) 소음 노출로 인한 업무 관련성이 높은 직업성 난청 사례, 김규상 외, Audiology, 청능재활, 2011.

정도를 표현하는 여러 물리 단위가 있는데[190] 그중 상대적인 단위인 데시벨(decibel, ㏈)을 일상생활에서 자주 사용한다. 0㏈은 건강한 청년(20~29세)이 들을 수 있는 가장 작은 소리(최소 가청 역치)이다. 10㏈은 숨 쉬는 소리, 20㏈은 나뭇잎 부딪히는 소리, 40㏈은 조용한 주택 거실의 소리, 60㏈은 일반적인 대화 소리, 80㏈은 철도변 또는 지하철 소리, 90㏈은 헤어 드라이기 또는 소음이 심한 공장 내부 소리, 100㏈은 착암기 또는 경적 소리, 120㏈은 경찰차 사이렌 소리, 130㏈은 비행기 제트 엔진 소리, 150㏈은 소총 발사 소리 정도의 크기이다.[191] 데시벨(㏈)은 로그(log)를 취한 단위이므로 수치상 적게 변화해도 실제 소음 변화는 상당히 크다. 대략 3㏈이 증가하면 소음이 2배 정도 증가한 것으로 느껴진다.[192]

산업안전보건기준에 관한 규칙 제51조(정의)에 의거하여 **소음 작업**은 1일 8시간 작업 기준 85㏈ 이상 소음이 발생하는 작업이며 **강렬한 소음 작업**은 90㏈ 이상 소음이 1일 8시간 이상 발생하는 작업이다. 그리고 **충격 소음 작업**은 충격 소음(공기 해머, 프레스, 총 등)이 1초 이상 간격으로 발생하는 작업이다. 기본적으로 90㏈의 연속음 1일 8시간 미만으로 노출되어야 한다. 95㏈의 소음은 하루 4시간, 100㏈의 소음은 2시간, 105㏈의 소음은 1시간, 110㏈의 소음은 30분, 115㏈의 소음은 15분 미만으로 노출기준이 정해져 있다.

---

190) 1,000Hz의 40㏈ 음압 수준을 갖는 순음 크기를 1son이라고 한다.
191) 환경부 환경통계포털: 보이지 않는 불청객, 환경소음 이야기.
192) 작업장에서의 소음측정 및 평가방법, KOSHA GUIDE W-23-2016.

이것을 5dB의 법칙이라고 부르는데 115dB 초과 소음에는 노출되어서는 안 된다. 그리고 140dB의 충격 소음은 1일 100회 미만, 130dB 충격 소음은 1,000회 미만, 120dB 소음은 10,000회 미만으로 노출 기준이 정해져 있다.[193]

산업안전보건법 시행규칙 [별표 21] 작업환경측정 대상 유해인자에 의거, 80dB 이상 연속음 혹은 120dB 이상 충격 소음이 발생하는 사업장은 6개월에 1회 이상 작업환경측정을 해야 한다.[194] 만약 85dB 이상의 연속음 혹은 강렬한 소음 및 충격 소음이 발생하는 사업장은 2년에 1회 이상 특수건진을 실시해야 한다.[195] 소음 특수건진 대상 근로자는 기본적인 혈압 측정, 순음 청력 검사(pure tone audiometry) 후 의사를 만나 이경 검사(otoscopy)를 통해 고막을 확인하고 결과에 대한 상담과 함께 예방 교육을 받는다. 소음 노출 이후 청력 검사를 받으면 정확한 측정이 되지 않아 검사 대상자는 적어도 소음 노출 중단 14시간 후에 검사를 받아야 한다.

소리는 귓바퀴를 지나 고막(tympanic membrane)에 닿아 증폭되어 귓속뼈(ossicle)를 진동시킨다. 이 진동은 달팽이관(cochlea)

---

[193] 구체적으로 120dB 초과 소음 1일 1만 회 이상, 130dB 초과 소음 1천 회 이상, 140dB 초과 소음 1백 회 이상 발생하는 작업이다.
[194] 작업환경측정 및 정도관리 등에 관한 고시(고용노동부고시 제2020-44호)에 따라 소음 발생 작업장의 단위작업 장소에서 1일 작업 시간 동안 6시간 이상 소음을 연속 측정하거나 1시간 가격으로 나누어 6회 이상 측정해야 한다.
[195] 작업환경측정 결과 소음 노출기준 이상이거나 직업성 소음성 난청(D1)이 발견된 경우 1년에 1회 이상으로 주기가 단축된다.

내부의 액체(림프액)를 움직이게 하고 이 움직임을 청각 세포(유모세포)가 감지하여 전기 신호로 변환시키고 그 신호를 뇌로 전달한다. 큰 충격 소음 또는 외상에 의해 고막이 손상된 경우 또는 급성 감염으로 귀에 염증(외이도염, 중이염)이 생긴 경우 치료를 받으면 청력이 다시 좋아질 수 있다. 또한 일시적으로 큰 소음에 노출되어 생기는 청각 피로의 경우 잠시 청력이 감소하더라도 시간이 지나면 회복될 수 있다. 그러나 가랑비에 옷 젖는 줄 모른다는 속담처럼 일정 수준 이상의 소음에 지속적으로 노출되어 발생하는 소음성 난청은 회복이 어렵다. 소음성 난청은 소음에 의해 청각 세포(유모세포)가 손상되는 감각신경성 난청이다. 이것을 컴퓨터에 비유하자면 키보드(유모세포)가 고장 나 버려 컴퓨터 본체(뇌)로 정보를 입력할 수 없는 상황이다. 소음으로 발생하는 **소음성 난청**은 아래와 같은 특징이 있다.

1) 초기 4,000㎐대 고음역 청력 감소

: ㎐(헤르츠)는 국제 주파수 단위로 1㎐는 1초에 1회를 의미한다. 사람이 들을 수 있는 소리의 주파수(가청 주파수) 범위는 15~20,000㎐이며 대화할 때 사용하는 소리 주파수 음역은 250~4,000㎐이다. 일반적으로 나이가 들면서 고주파수대 청력이 점차 감소한다. 소음성 난청의 경우 초기에 4,000㎐의 고음역대 청력 저하(C5-dip)를 보이다가 소음 노출이 지속되면 주변 주파수로 파급되어 주요 회화 음역인 500~2,000㎐의 저음역대 청력 저하로 이어진다.

2) 비가역성 감각신경성 난청

: 소음에 의해 일단 나빠진 청력은 다시 원상태로 회복되기 어렵다. 소음성 난청은 고막 뒤 청각 세포(유모세포)가 손상된 것이므로 이경 검사와 고막운동성 검사는 정상인 경우가 많다.

3) 양측성

: 대부분 왼쪽, 오른쪽 모두 소음성 난청의 양상을 보인다. 그러나 한쪽 귀에만 생긴 소음성 난청도 종종 볼 수 있다.

국제 표준화 기구(International Organization for Standardization, ISO)는 청력장애 정도를 아래와 같이 구분한다.[196]

1) 10~25dB

: 정상

2) 26~40dB

: 경도 난청으로 가는귀먹어 속삭이는 소리를 듣지 못한다.

3) 41~55dB

: 중등도 난청으로 가까운 곳에서 대화는 가능하나 먼 곳의 말소리를 듣지 못한다.

---

196) 업무적합성 평가의 원칙과 실제, 대한직업환경의학외래협의회, 범문에듀케이션, p.71~79.

4) 56~70dB

: 중등고도 난청으로 가까운 곳에서도 큰 소리로 이야기해야 들을 수 있고 강의실에서 강의 청취가 힘들다.

5) 71~91dB

: 고도 난청으로 말을 분별하기 힘들다.

6) 91dB 이상

: 농(聾)

소음 발생 작업환경에서 3년 이상 종사한 직업력이 있는 근로자에게 40㏈을 초과하는 감각신경성 난청이 생긴 경우 업무상 질병으로 인정한다. 소음성 난청은 고막 안쪽에 있는 내이의 청각 세포(유모세포)가 손상되는 질환이므로 이경 검사나 고막운동성 검사에서 정상 소견을 보인다. 일반적으로 소음성 난청은 매우 심각한 난청(농)까지 진행되지는 않으며 소음 노출이 중단되면 더 이상의 진행은 중지된다. 그러나 소음성 난청은 치료법이 없는 비가역적인 청력 저하이므로 치료보다 예방이 최선이다.

소음성 난청은 직업적인 소음 노출 외에도 이어폰이나 헤드폰을 이용하여 큰 소리의 음악을 듣거나, 시끄러운 축제, 콘서트, 종교 행사에 자주 참가하는 사람에게도 생길 수 있다. 담배를 기분 좋게 피운다고 해서 건강에 해가 되지 않는 것은 아니다. 인체가 받아들이는 유해인자의 물리적, 화학적 특징은 동일하다. 즉 우리 몸은 주관적 느낌에 관계없이 망가진다. 또한 귀에 독성이 있는 항생제, 항암제, 이뇨제와 같은 약물이나 화학물질 중 톨루엔, 일산화탄소, 이황화탄소 그리고 스쿠버(SCUBA) 다이빙과 같은 압력 손상도 청력 저하의 원인이 되므로 주의가 필요하다.

세계보건기구(World Health Organization, WHO)는 일찍이 소음 노출은 청력 저하와 더불어 교감신경 항진, 스트레스 호르몬 증가, 혈압, 맥박 증가, 근육 긴장, 불안, 우울, 수면 장애 등의 원인이 될 수 있다고 보고하였다. 금속 제조업 근로자 852명을 대상으로 한 작업장 누적소음 노출과 혈압과의 관련성 연구[197]에서 높은 소음 노출군의 평균 수축기 혈압은 낮은 소음 노출군과 비교해 2.1 mmHg 더 높고(ß=2.1, p=0.045), 이완기 혈압은 2.7mmHg 더 높은 것(ß=2.7, p=0.003)이 확인된다. 즉 만성적 소음 노출은 고혈압의 원인이 될 수 있다.

모든 질병이 그렇지만 특히 직업병은 예방이 최선이다. 질병 예방은 아래와 같이 **1차 예방, 2차 예방, 3차 예방**으로 구분한다.

1) 1차 예방

: 질병이 없는 건강한 상태에서 미리 질병을 예방하는 것이다. 안

---

[197] 작업장 누적소음 노출과 혈압과의 관련성, 이상윤 외, 대한산업의학회지, 2001.

전 관리, 환경 관리, 채식 위주 식단, 규칙적인 운동, 개인위생 관리 (손 씻기, 양치질), 금연, 절주, 예방접종, 적합한 보호구 착용 등이 1차 예방이다.

2) 2차 예방

: 질병을 조기에 발견하고 치료하여 질병의 악화를 예방하는 것이다. 규칙적인 건강검진을 통한 질병 조기 발견 및 치료가 2차 예방이다.

3) 3차 예방

: 질병이 생기고 치료 후 더 큰 합병증을 예방하는 것이다. 3차 예방은 고혈압, 당뇨, 고지혈증, 뇌졸중 등 만성 질환 관리에서 중요하며 중증 장애를 최소화하고 직장 복귀를 할 있게 도와주는 재활이 3차 예방이다.

산업안전보건기준에 관한 규칙 제517조(청력보존 프로그램 시행 등)에 근거하여 소음 작업환경측정에서 90㏈을 초과하거나 직업성 소음성 난청(D1) 근로자가 발생한 사업장의 사업주는 **청력 보존 프로그램**을 시행하여야 한다. 청력 보존 프로그램은 사업장 소음을 감소시키고 소음성 난청을 예방하기 위한 1차, 2차, 3차 예방 개념 모두 포함된 것으로 소음 노출 근로자의 청력 저하를 예방하기 위한 종합적인 프로그램이다.

근로자는 소음에 노출되는 작업환경에 있는 경우 항상 적합한 청력 보호구를 착용해야 한다. 청력을 보호하기 위해 착용하는 청력 보호구는 귀마개(EP)와 귀덮개(EM)가 있다. 귀마개는 1종(EP-1)과 2종(EP-2)로 구분하는데 1종은 저음부터 고음까지 모두 차단하는 것이고, 2종은 주로 고음을 차단하고 대화 영역인 저음은 차단하지 않는 특성이 있다. 따라서 대화가 필요한 건설 현장과 같은 곳에서는 2종 귀마개를 착용하는 것이 유리하다. 폼 형태의 귀마개를 착용할 때는 귀를 후상방으로 올리고 귀마개를 압축하고 귓구멍에 딱 맞을 때까지 넣고 30초 정도 끝을 밀어 넣어 줘야 한다. 주변 사람들에게 착용한 귀마개가 잘 보이지 않아야 올바로 착용된 것이다. 일반적으로 귀마개는 10~25dB, 귀덮개는 5~35dB 차음 효과가 있다. 소음이 매우 심한 장소에서는 귀마개와 귀덮개를 모두 착용하는 것을 권고한다.[198]

---

198) 청력보호구의 착용방법 및 관리에 관한 지침, KOSHA GUIDE H-160-2014.

17. 플라스틱 사출 작업자의 천식

"플라스틱 사출 작업을 하고 있는 62세 남성 이근식입니다. 천식이 있어 흡입기를 사용하고 있습니다."

근식 씨는 30년 넘게 담배를 피웠다. 딱히 끊을 마음은 없다. 근식 씨는 자동차 부품생산 공장에서 범퍼 금형을 연삭하는 작업을 20년 가까이 했다. 그리고 4년 전 플라스틱 공장으로 이직해 사출 검사 작업을 하고 있다. 플라스틱 제품을 만드는 사출 성형기의 문이 닫히면 플라스틱 합성수지인 ABS(Acrylonitrile Butadiene Styrene), 폴리에틸렌(polyethylene), 폴리프로필렌(polypropylene), 나일론(nylon) 등이 금형에 자동으로 주입되고 가열된다. 5분 정도 지나면 플라스틱 제품의 성형이 끝나는데 이때 사출 성형기 문을 열고 제품을 꺼내 검사하고 마무리 가공을 하는 것이 근식 씨가 하는 일이다.

근식 씨는 약 15년 전 숨쉬기가 불편하고 숨을 내쉴 때 쌕쌕 소리가 나서 호흡기 내과를 방문했었다. 폐기능 검사(Pulmonary Function Test, PFT)를 받았는데 천식으로 진단되었고 그때부터 흡입기를 사용하여 약물 치료를 하고 있다. 가끔 불편할 때도 있었지만 흡입기를 사용하면 일상생활을 하는 데 큰 어려움은 없었다. 그런데 지난해 초부터 기침이 지속되고 가끔 숨쉬기가 어려웠다. 지난해 크리스마스 연휴 기간에 퇴근 후 혼자 쉬고 있는데 갑자기 호흡이 빨라지고 숨을 내쉬기기 힘들어 119를 통해 응급실을 방문한 적도 있다. 응급실 의사는 천식이 심해져 발생한 천식 발작(asthma attack)이라고 했다. 올해 3월 천식 발작이 또 생겨 호흡기 내과에서 입원치료 후 퇴원했다. 그리고 같은 해 12월 어느 날 근식 씨는 잔업 이후 저녁 늦게 안마시술소에 방문해 예약 시간을 기다리고 있던 중 갑자기 호흡곤란이 심해져 사망했다. 이후 수행된 국립과학수사연구원의 부검 결과 급성 천식 발작에 의한 사망으로 확인되었다.[199]

천식(asthma)은 만성 염증으로 인해 기도가 과민해지고 좁아져 쌕쌕거리는 숨소리가 생기고 호흡곤란이 발생하는 호흡기 질환이다. 우리나라의 천식 유병률은 약 3.9%이며 주로 어린이와 고령에서 많이 발생한다. 천식의 원인은 유전, 비만, 흡연, 공기 오염, 알레르기, 감염, 직업적 유해물질 노출 등 다양한데 남성에서 2배 정도 더 많다. 천식은 숨을 쉴 때 쌕쌕거리는 소리가 나는 천명(wheezing), 가슴 답답함, 기침, 호흡곤란 등 호흡기 증상이 생기는 것이 특징이다. 천식은 이런 특징적인 호흡기 증상과 폐기능 검사 결과를 종합해 아래와 같이 진단한다.[200]

---

199) A case of occupational asthma in plastic injection process worker, Jong Suk Lee, et al., AOEM, 2013.
200) 2022 5차 개정 천식 진료지침, 대한결핵 및 호흡기학회.

1) 천식 증상이 있는 경우

 : 먼저 1차 폐기능 검사를 수행한다. 폐기능 검사에서 확인하는 중요 수치는 노력 폐활량(Forced Vital Capacity, FVC)과 1초 노력 호기량(Forced Expiratory Volume at 1 second, FEV_1) 그리고 그 비(FEV_1/FVC)이다. 일반적으로 천식 환자는 FVC에 비해 FEV_1이 감소하는 폐쇄성 환기 장애를 보인다. 1차 폐기능 검사 이후 증상을 호전시키는 기관지 확장제(β2-agonist)를 흡입하고 10~15분 후 2차 폐기능 검사를 한다. 2차 검사 결과에서 1차에 비해 FEV_1이 12%(200㎖) 이상 증가하면 천식으로 진단한다(가역적 호기 기류 제한 확인).

2) 천식 증상이 없는 경우

 : 메타콜린(methacholine)은 히스타민 약물의 일종으로 기관지를 수축시켜 천식 증상을 악화시키는 약물이다. 1차 폐기능 검사 이후 메타콜린을 흡입해 인위적으로 천식 증상을 일으킨 후 2차 폐기능 검사를 수행한다. 이것을 메타콜린 유발검사라고 부르며 메타콜린 유발 검사에서 FEV_1이 1차 검사 결과보다 20% 감소되는 시점의 메타콜린 흡입 농도(㎎/㎖)를 PC20이라고 하는데, 메타콜린 유발검사에서 FEV_1이 20% 이상 감소하거나 8㎎/㎖ 미만에서 PC20에 도달하는 경우 천식으로 진단한다.

　천식은 만성적으로 진행되고 흔히 재발한다. 천식 치료 약물은 조절제와 증상 완화제로 구분한다. 조절제는 기관지의 염증을 줄이는 약물로 천식이 진단되면 최대한 빨리 시작하는 것이 좋다. 조절제로 흡입용 스테로이드를 많이 사용하는데 부작용으로 상기도 자극, 기침, 목소리 변성, 구강 곰팡이균 감염(oral candidiasis) 등이 생길 수 있어 사용 후 입안을 잘 헹구어야 한다. 증상 완화제는 천식 증상을 줄이는 목적으로 사용되는 속효성 흡입제($\beta 2$-agonist)와 잔틴계 약물 등을 말한다.

직업성 천식은 선진국에서 가장 흔한 직업성 폐질환이다. 직업성 천식은 성인 천식 환자의 5~20%를 차지한다. 직업성 천식이 생길 수 있는 업무는 매우 다양하다.[201] 식료품 생산, 가공, 동물 사육업, 염색 등 가공, 곡물 취급(가축 사료, 제분, 제빵), 진드기에 노출될 수 있는 곡물 저장, 차(tea)를 체로 치거나 포장하는 작업, 목재, 가구, 인쇄, 동물 실험, 세제 효소 생산, 니켈, 크롬, 백금 정련, 화학, 제약, 이소시아네이트를 사용하는 폴리우레탄 제조, 화학, 건설, 절연, 도장, PVC 흄에 노출되는 고기 포장, 보건업 등에서 천식 유발 물질에 노출될 수 있다. 12개 선진국 15,637명을 대상으로 수행한 직업성 천식 연구 결과[202]에 의하면 사무직에 비해 농부, 화가, 플라스틱 및 고무 생산, 청소부 등의 비사무직 근로자의 천식 발병률이 높았

---

201) 근로자건강진단 실무지침 제2권, 2023-산업안전보건연구원-967, p.376~377.

202) Occupational asthma in Europe and other industrialised areas: a population-based study. European Community Respiratory Health Survey Study Group, M Kogevinas, et al., Lancet, 1999.

다. 특히 플라스틱 제조업 근로자의 천식 발생 위험이 2배 이상 높다(OR=2.2, 95% CI=0.59~8.29).

직업성 천식 유발 물질은 저분자량과 고분자량 물질로 구분한다. 이 중 **디이소시아네이트(diisocyanate, TDI/MDI)는 대표적인 직업성 천식 유발 물질**이므로 특히 주의가 필요하다.[203]

1) 저분자량 천식 유발 물질

: 니켈, 크롬, 코발트, 용접용제, 송진 연무, 메틸테트라하이드로프탈릭 무수물, 톨루엔 디이소시아네이트, 메틸렌 디페닐 디이소시아네이트, 반응성 염료, 포름알데히드, 아조다이카본아마이드, 항생제, 바이설파이드, 미삼나무 분진, 일본삼나무 분진 등이다.

2) 고분자량 천식 유발 물질

: 곡물 분진, 꽃가루, 밀가루, 메밀가루, 쌀겨, 한약제(반하, 산약, 마), 귤응애, 점박이응애, 우렁쉥이, 사슴털, 토끼털, 누에고치, 약물(바이오디아스타제) 등이다.

작업환경에서 저분자량 천식 유발 물질로 천식이 발생하거나 악화된 경우 노출 중단 후에도 수년간 증상이 지속되는 경우가 많아 업무 전환을 고려해야 한다. 반면 고분자량 천식 유발 물질은 노출 중단

---

203) 화학물질 유통 사용 실태조사 결과보고서: 디이소시아네이트, 산업안전보건공단.

후 비교적 예후가 좋아 치료하면서 현재 업무가 가능할 수 있다.[204)]

  모든 호흡기 질환과 마찬가지로 천식을 예방하기 위해서는 반드시 금연해야 한다. 천식 증상을 유발할 수 있는 집먼지진드기, 꽃가루, 동물 털, 식품, 약물, 찬 공기 등을 피하고 대기 오염이 심한 날에는 외출을 줄이고 마스크를 착용하는 것이 좋다. 직업적으로 노출될 수 있는 천식 유발 물질을 줄이기 위해 사업장 국소 배기 장치 설치 및 적합한 보호구 착용도 중요하다. 또한 실내 공기오염에 노출되지 않도록 주기적으로 환기하고 공기청정기를 사용한다. 그리고 손 씻기 등 개인위생 관리, 규칙적 운동, 건강한 식단으로 적정 체중을 유지해 평소 면역력을 높이는 것도 중요하다.

---

204) 천식을 진단받은 근로자의 업무적합성 평가 지침, KOSHA GUIDE H-46-2021.

18. 초등학교 교사의 성대결절

"초등학교 여교사 46세 황문경입니다. 목소리가 변하고 기침이 나서 이비인후과에 왔는데 성대결절이라네요."

문경 씨는 18년 차 초등학교 선생님이다. 6개월 전 수업 도중 처음으로 목소리가 조금 변한 느낌이 들었다. 3개월 전부터는 쉰 목소리와 함께 말할 때 목소리가 끊기기 시작했고 음식이 목에 걸려 있는 느낌과 함께 기침이 나기도 했다. 문경 씨는 평생 담배를 피운 적은 없지만 남편이 집에서 담배를 피워 간접흡연을 했고 술은 좋아하는 편이었다. 걱정이 되어 평소 고혈압, 고지혈증 약을 타고 있는 내과에서 위내시경을 받았는데 경미한 위염 말고는 큰 이상이 없으니 이비인후과에 가 보라고 했다. 이후 문경 씨는 대학병원 이비인후과에서 후두경 검사를 받았는데 큰 성대결절이 확인되어 전신 마취 후 레이저 미세 수술을 받고 회복 중이다.[205]

성대결절(vocal nodules)은 쉰 목소리(애성, hoarseness)와 목소리 피로 증상이 특징인 흔한 이비인후과 질환이다.[206] 성대결절은

---

205) 거대 성대결절 1례, 김형태 외, Korean J Otolaryngol, 1998.
206) Vocal fold polyps: Literature Review, Daniela de Vasconcelos, et al., Int Arch Otorhinolaryngol, 2019.

성우, 가수, 교사, 콜센터 상담원과 같이 목소리를 많이 사용하는 사람에게 발생하는 일종의 직업병이다. 큰 목소리로 자주 말하면 성대가 반복적으로 진동하게 되고 성대 점막이 조금씩 변한다. 상기도 감염, 알레르기, 흡연(간접흡연), 분진 노출, 음주로 인한 물리화학적 자극도 성대결절의 원인이다. 성대결절이 생기면 쉰 목소리와 함께 목 안 통증(인후통)과 이물감, 기침 증상이 생기고 심한 경우에는 호흡곤란도 발생할 수 있다.

2013년 건강보험공단 진료 통계에 의하면 성대결절로 진료를 받은 교육직 공무원은 10만 명당 760명으로 비교육직 공무원 167명 또는 전체 인구 195명보다 4배 정도 훨씬 많은 것이 확인된다.[207] 교사는 학생들 앞에서 힘을 주어 큰 소리로 이야기해야 하므로 성대에 지속적인 진동과 긴장을 준다. 신학기에 교사들 성대결절 진료 횟수가 더 많은 것도 비슷한 이유이다.

근로기준법 제2조에 의거한 근로자는 직업의 종류와 관계없이 임금을 목적으로 사업이나 사업장에 근로를 제공하는 사람을 말한다. 반면 헌법 제7조에 의거한 공무원은 국민 전체의 봉사자로서 정치적 중립의무를 지고 신분이 보장되는 등 그 지위 권한 책임이 법에 명시되어 있는 공공적 업무를 수행하는 사람으로 근로자가 아니다. 공무원은 근로자가 아니기 때문에 근로기준법을 적용받지 않는다. 이

---

[207] "성대결절. 여성과 교직원에서 다발", 윤종원 기자, 병원신문, 2014년 6월 16일.

처럼 산재보험에 가입하지 않은 노동자의 업무상 질병 보상은 어떻게 될까? 공무원, 사립학교 교직원, 군인, 어부, 농민도 기타 관련 법령과 조항에 따라 업무상 재해에 대해 국가로부터 보상을 받는다.[208]

일반적으로 공무원의 업무상 재해는 산업재해라고 하지 않고 **공무상 재해**[209]라고 부른다. 공무상 재해는 산재와 비교해 아래와 같은 특징이 있다.

1) 공무원 재해보상법에 의거해 공무상 재해를 신청할 수 있다.

: 산업재해보상보험법에 의한 산재보상과 달리 공무상 재해는 공무원 재해보상법에 의거한다. 기본적으로 업무상 재해에 대한 보상과 관련하여 산재보험제도가 공무원연금제도에 비해 더 다양하고 풍부하다.[210] 공무원연금제도는 국가가 공무원의 퇴직 부상 사망과 사회적 위험으로부터 공무원과 그 가족의 생활을 보호하기 위한 사회보장제도이다. 반면 산재보험제도는 업무상 재해로부터 근로자와 그 가족을 보호하기 위한 사회보장제도로 그 목적과 성격이 서로 다르다.

---

208) 산재보험 미적용자의 직업병의 보상절차: 공무원, 사립학교 교직원, 군인, 어선원, 농업인, 권순찬, 장은철, JSMS, 2018.
209) 사립학교 교직원의 경우 직무상재해로 부른다.
210) 산업재해보상보험의 성격과 제한에 관한 판례연구, 박홍연, 법과 기업 연구 제7권 제2호.

2) 공무원 재해보상 신청은 공무원연금공단으로 신청한다.

: 2018년 9월 21일 공무원 재해보상법 시행 이후부터 신청인은 공단에 직접 청구가 가능하다. 신청인은 공무상 요양승인 신청서를 작성하고 진단서, 최초로 내원한 병원 의무기록지 사본 및 영상자료 등을 공단에 제출한다. 그러면 공무원연금은 연금취급기관장으로 7일 이내에 경위 조사서 제출을 요구한다. 명백한 공무상 부상은 공단에서 심사하여 결정 후 통보하고 이외의 경우 심의를 거쳐 승인 여부를 결정한다. 급여 청구는 사유 발생 3년 이내에 하여야 하며 3년이 경과하면 청구권이 소멸된다.[211]

3) 공무원연금공단의 인사혁신처에서 공무상 재해를 자체 심의하여 결정한다.

: 고용노동부 산하 근로복지공단의 업무상질병판정위원회에서 결정하는 산재 심의 결정과 달리 공무상 재해 심의 결정은 공무원연금공단 인사혁신처의 공무상 재해보상심의회(심의회)에서 자체 심의로 결정한다. 심의회는 위원장 1명을 포함한 100인 이내로 구성되며 인사혁신처장이 위촉한다. 위원들은 공무원 연금공단 임직원, 연금 관련 공무원 재직 경력자, 법조인, 의료인으로 구성된다. 심의회마다 11~15인 이하 위원의 과반수 출석과 과반수 동의로 최종 심의를 결정한다.[212]

---

211) 공무원연금공단 홈페이지: 재해보상 〉 공무상요양
212) 산재보험 미적용자의 직업병의 보상절차: 공무원, 사립학교 교직원, 군인, 어선원, 농업인, 권순찬 외, JSMS, 2018.

4) 공무상 재해는 상대적으로 인정기준이 협소하고 보수적이다.

: 산재와 비교해 공무상 재해는 상대적으로 인정기준이 까다롭다. 공무상 질병 추정기준은 간략히 아래와 같다.

① 뇌혈관 질병 또는 심장 질병
 : 상시근무체계를 유지하기 위한 교대제 근무
 : 1주 평균 실근무시간 52시간 초과(야간근무는 30% 가산, 휴게시간 제외)

② 근골격계 질병

상병	직종	직무 기간 (유효 기간)[213]
회전근개 힘줄 완전파열(어깨)	소방공무원(화재진압, 구조, 구급), 우정직공무원(집배, 발착), 함정, 군용트럭, 특수차량 등의 수리 보수 정비 업무를 주로 하는 공무원, 급식 조리사	10년 이상 (12개월 이내)
내외상과염(팔꿈치)	우정직공무원(집배, 발착), 급식 조리사	1년 이상 (2개월 이내)
건초염(손, 손목)	급식 조리사	1년 이상 (2개월 이내)
삼각섬유연골 복합체 파열(손, 손목)	급식 조리사	5년 이상 (12개월 이내)
손목터널 증후군 (손, 손목)	급식 조리사	2년 이상 (12개월 이내)
반월상연골 파열(무릎)	우정직공무원(집배, 발착)	5년 이상 (12개월 이내)

---

213) 유효 기간은 신청인이 해당 직무를 중단한 다음 날부터 최초 상병진단일까지의 기간.

③ 직업성 암

: 화재진압, 구조가 주 직무로 5년 이상 근무하고 첫 노출 후 10년 이상 경과하여 발생한 중피종(5년 미만이라도 석면관련 흉막반이나 석면폐증은 인정)

: 화재진압, 구조가 주 직무로 10년 이상 근무 후 발생한 방광암 또는 폐암

: 화재진압, 구조가 주 직무로 5년 이상 근무 후 발생한 백혈병, 비호지킨림프종 또는 다발성골수종

: 함정, 군용트럭, 특수차량 등 수리 보수 정비 업무 담당으로 5년 이상 근무하고 첫 노출 후 10년 이상 경과하여 발생한 중피종(5년 미만이라도 석면관련 흉막반이나 석면폐증은 인정)

: 함정, 군용트럭, 특수차량 등 수리 보수 정비 업무 담당으로 10년 이상 근무하고 첫 노출 후 발생한 폐암

: 용접 또는 주물 작업이 주 직무로(근무일 중 4시간 이상) 10년 이상 근무 후 발생한 폐암

④ 정신 질환

: 범인(피의자) 체포, 범죄 수사, 화재진압, 인명구조, 구급업무 등을 수행하면서 상당한 외상 사건(동료나 아동 사망, 사체 목격, 참혹한 사망 사체 목격, 본인이나 동료의 화상 또는 상해 발생, 살아 있는 동물 살처분 작업 또는 목격 등)을 경험하고 급성 스트레스 장애 또는 외상 후 스트레스 장애를 진단을 받고 전문가에 의한 종합심리검사에서도 부합하는 경우

5) 공무원은 연금 형태로 기금의 절반을 부담한다.[214]

: 산재는 보험료 전액을 사용자가 부담하고 있는 것과 달리 공무원은 연금 형태로 절반은 본인이 부담하고 있다.

6) 공무원 재해보상 승인 시 재해보상급여와 부조급여를 받을 수 있다.

: 재해보상급여로 요양급여, 재활급여, 장해급여, 간병급여, 재해유족급여를 받을 수 있고, 부조급여로 재난부조금, 사망조위금을 받을 수 있다. 요양급여에서 급여는 별도의 청구 절차 없이 자동 환급되는데 진료비 영수증, 세부내역서 등을 첨부하여 별도로 청구하면 비급여항목도 요양급여로 보상받을 수 있다(산재에는 개별요양급여 제도가 있음).

7) 선거 당선으로 인한 임시직 공무원은 적용 대상에서 제외된다.[215]

고용노동부의 산업재해현황분석 자료에 의하면[216] 2017년 공무원 및 사립학교 교직원의 업무상 재해자는 총 6,497명으로 이 중 105명이 사망하였다. 총 재해자 중 5,576명은 공무원, 직업군인은 173명, 사립학교 교직원은 748명이며 사망자는 각각 73명, 30명,

---

214) "교육노동자는 산재보상의 사각지대", 박연정 기자, 교육희망, 2004년 4월 26일.
215) 사학연금 재해보상제도 개선에 관한 연구: 공무원 재해보상제도 및 산재보험제도와의 비교를 중심으로, 권혁창 외, 사회보장연구, 2021.
216) 2022년 산업재해현황분석, 고용노동부, 산업안전보건정책과.

2명으로 확인된다. 공무원의 업무상 재해는 일반 근로자와 비교해 절반 정도로 적고 사립학교 교직원의 업무상 재해는 이보다 훨씬 더 적다. 문경 씨와 같은 교사의 공무상 재해는 전체 공무원의 공무상 재해의 약 20%이며 이 중에서도 약 80%만이 승인된 것으로 확인된다. 교사는 상대적으로 유해인자에 노출되거나 재해 발생 위험이 낮은 것이 사실이지만 공무상 재해에 대한 이해가 낮기 때문으로 추정된다.

문경 씨의 성대결절은 공무상 재해로 인정되었다. 성대결절을 예방하기 위해서는 평소 물을 많이 마셔 성대를 촉촉하게 하고 흡연, 음주 등 성대에 좋지 않은 것은 피하고 가능한 한 복식 호흡으로 발성하여 성대를 이용한 큰 목소리 사용은 줄이는 습관을 갖는 것이 필요하다.

19. 비닐하우스 농부의 파킨슨병

"토마토 농사를 짓고 있는 68세 남성 박대석입니다. 최근 손이 떨리고 다리에 힘이 빠져 걷기가 힘들어졌습니다. 신경과에서 검사를 받았는데 파킨슨병이라고 합니다."

대석 씨는 농부다. 비닐하우스에서 토마토 농사를 시작한 지 벌써 15년이 지났다.[217][218] 먹고살기 힘든 시절 처음으로 빌린 땅에 토마토와 참외를 심었다. 한 해 한 해 욕심내지 않고 열심히 일했다. 농지를 샀고 비닐하우스도 지었다. 농부가 되려면 부지런해야 한다. 특히 토마토 농사는 손이 많이 간다. 토마토 씨앗을 뿌리고 모종을 비닐하우스에 옮겨 심고 자라면 줄기가 구부러지는 것을 막기 위해 지주대를 세우고 하나하나 집게로 고정하고 끈으로 감아 줘야 한다. 토마토는 햇빛과 온도에 민감해 비닐하우스 안 온도를 일정하게 유지해 줘야 한다. 곁가지도 제때 제거해 줘야 열매가 잘 자란다. 토마토 흰가루병, 잿빛곰팡이병 등 병충해를 예방하기 위해 파종, 정식, 수확 시기에 맞춰 짧게는 3일에 1번, 길게는 7일에 1번은 농약을 쳐야 한다. 토마토는 비닐하우스에서 연중 재배가 가능해 대석 씨

---

[217] Parkinson's disease in a worker exposed to insecticides at a greenhouse, Yangwoo Kim, et al., AOEM, 2021.
[218] 2018, 2019년도 직업병 진단 사례집, 산업안전보건공단, p.55.

는 겨울철 휴기를 제외하고는 거의 매일 4개의 비닐하우스에 번갈아 가면서 농약을 살포를 했다. 대석 씨는 최근 손이 떨리고 양쪽 다리 힘이 빠져 걷기기 힘들어졌다. 평소 앓고 있던 관절통이 심해진 것 같아 정형외과에 방문하였는데 신경과로 안내해 주었다. 신경과 의사에게 진찰을 받고 검사를 받았는데 파킨슨병이 의심된다고 뇌 영상 촬영을 해 보자고 했다. 뇌 영상 촬영에서 비대칭 도파민 흡수가 확인되어 파킨슨병으로 진단되었다. 대석 씨는 어른이 되고 담배와 술은 즐기는 편이었고 머리를 다친 적은 없다. 파킨슨병은 완치를 위한 약이 없다고 한다. 대석 씨는 퇴원 후 증상 완화를 위한 약물 치료를 지속하고 있다.

파킨슨병(Parkinson's disease)은 안정 시 떨림, 근육 경직, 행동 및 걸음걸이 이상을 특징으로 하는 퇴행성 뇌질환이다. 파킨슨병은 안정 시 떨림(resting tremor, 진전), 느려진 행동(bradykinesia, 서동), 근육 경직(cogwheel rigidity, 강직)의 3대 주요 증상과 더불어 자세 불안정, 우울, 불안, 수면 장애, 변비, 성기능 장애 등의 증상을 일으킨다. 또한 파킨슨병 환자는 첫발 시작이 어렵고 이후 속도가 붙으면 총총걸음을 하며 한번 시작한 걸음을 멈추기 힘든 전형적인 걸음걸이 이상을 보인다.[219]

뇌 신경전달물질의 하나인 도파민(dopamine)은 몸의 정교한 움

---

219) Parkinson's disease: etiopathogenesis and treatment, Joseph Jankovic, et al., Neurol Neurosurg Psychiatry, 2020.

직임에 중요한 역할을 한다. 파킨슨병은 어떤 원인에 의해 뇌 흑질(substantia nigra)에서 도파민을 분비하는 세포에 문제가 생기는 질환이다. 파킨슨병은 기본적으로 노령과 유전에 의해 생길 수 있고 머리 외상, 종양, 감염, 저산소증 또는 다양한 유해물질(망간, 구리, 납, 일산화탄소, 이황화탄소, 시안화물, 살충제 등)에 의해서도 유발될 수 있다.[220][221] 도파민계 신경이 60~80% 파괴되면 파킨슨병의 증상이 발생한다. 파킨슨병은 신경과 전문의 문진과 신체진찰로 전형적인 증상과 도파민 치료 반응 여부를 확인하고 PET-CT(Positron Emission Tomography-Computed Tomography)와 같은 뇌 영상 진단 검사에서 도파민 흡수 장애를 확인하여 진단한다. 불행하게도 현대 의학으로 파킨슨병을 완치하기는 힘들다. 레보도파(levodopa)를 주치료 약물로 도파민 효현제(브로모크립틴, 로피니롤, 프라미펙솔, 로티고틴), 모노아민 산화효소 억제제(셀레길린, 라가길린), 항콜리제, 아만타딘 등의 약물을 복합적으로 사용하여 일상생활을 유지하는 것이 현재 파킨슨병 치료의 목표이다. 뇌심부 자극술(Deep Brain Stimulation, DBS)은 뇌 이상 부위에 전극을 삽입하고 전기 자극을 주어 잘못된 뇌신경 회로를 조절하는 수술 치료이다.[222] 뇌심부 자극술은 1997년 미국

---

220) A review of Parkinson's disease, C. A. Davie, British Medical Bulletin, 2008.
221) 파킨슨병의 진단과 치료, 고성범, 가정의학회지, 2003.
222) Past, present, and future of deep brain stimulation: Hardware, software, imaging, physiology and novel Approaches, Jessica Frey, et al., Frontiers in Neurology, 2022.

식품의약국(U.S. Food and Drug Administration, FDA) 승인을 받은 효능과 안정성이 입증된 치료로 파킨슨병에 적용할 수 있으나 이 역시 근본적인 치료가 되지는 못한다. 파킨슨병을 예방하기 위해서는 채식 위주의 저염식 식단과 규칙적 운동으로 적정 체중을 유지하고, 머리 부위 사고 및 감염에 주의하고, 직업적 환경적으로 노출되는 유해물질을 피하기 위한 노력이 필요하다.

파킨슨병과 **파킨슨증후군(Parkinson's syndrome)**은 다르다. 파킨슨병은 도파민 생성에 문제가 생기는 질환이고 파킨슨 증후군은 도파민은 생성되나 뇌에서 도파민을 수용하는 데 문제가 생기는 질환이다. 따라서 파킨슨병의 경우 도파민 약물 치료에 증상이 호전될 수 있지만 파킨슨증후군의 경우 효과가 없는 경우가 대다수다. 망간(manganese, Mn)은 대표적으로 파킨슨증후군을 일으키는 중금속이다. 망간 중독 시 무표정, 손 떨림, 발음 장애, 행동 장애, 운동 장애 등 파킨슨병과 비슷한 증상이 생길 수 있다. 망간 중독은 파킨슨병과 다르게 안정 시 떨림이 덜하고 근육 긴장은 더 심하며 도파민 약물에 반응하지 않는다.[223] 또한 병리학적 뇌 조직검사에서 기저핵에서 교세포 수에 대한 신경세포 수가 감소하고 뇌 MRI T1 검사에서 기저핵의 신호 강도가 증가하는 것이 망간에 의한 파킨슨증후군의 특징이다.[224]

---

223) 망간 노출 근로자의 건강관리지침, KOSHA GUIDE H-136-2021.
224) 흰쥐에서 망간의 투여 용량에 따른 뇌 자기공명영상과 병리조직학적 변화, 이재명 외, 대한산업의학회지, 2009.

농약은 매우 광범위하게 사용되고 있어 그 노출 정도를 정확히 평가하는 것은 어렵다. 또한 다른 직업적 유해인자 노출과 같이 하루 8시간, 주 40시간 노출이 아니므로 허용 노출기준인 TLV와도 비교하기 어렵다. 그러나 농약에 만성적으로 노출되면 파킨슨병, 알츠하이머 치매와 같은 신경퇴행성 질환, 비호지킨림프종, 다발성골수종과 같은 암, 천식, 특발성 폐섬유화증 등의 질병 발생 위험이 증가한다는 연구 결과들이 많다.[225] 제초제 노출 시 파킨슨병의 비교위험도는 1.4배(95% CI: 1.08~1.81), 살충제 노출 시 1.5배(95% CI: 1.07~2.11) 증가한다. 농약 노출 기간이 5년 이상인 경우 파킨슨병이 1.05배(OR=1.05, 95% CI=1.02~1.09), 10년 이상인 경우 1.11배(OR=1.11, 95% CI=1.05~1.18) 증가하는 것으로 보고되었다.[226]

농약(pesticide)은 농작물을 해하는 균, 곤충, 잡초 등을 제거하기 위해 사용하는 살균제, 살충제, 제초제 등을 말한다.[227] 농약은 주성분에 따라 유기염소제, 유기인제, 카바메이트계, 페녹시계, 비피리딜계로 구분하는데 각각의 특성은 아래와 같다.

1) 유기염소제(organochlorine)

: DDT(dichlorodiphenyltrichloroethane), 디엘드린

---

225) 직업환경의학(개정판), 대한직업환경의학회 편, 계축문화사, p.668.
226) Parkinson's disease in a worker exposed to insecticides at a greenhouse, Yangwoo Kim, et al., AOEM, 2021.
227) 농약 안전실태 조사(2009년 5월), 소비자안전본부 생활안전팀.

(dieldrin), 린덴(lindane), BHC(benzene hexchloride) 등이 있으며 생태계 잔류 효과로 만성 독성을 일으킬 수 있다.

2) 유기인제(organophosphorous)

: 아세틸콜린에스테라제(acetylcholinesterase)를 비가역적으로 억제하는 농약으로 파라티온(parathion), 말라티온(malathion), 다이아지논(diazinon), 에디온(ethion) 등이 있다. 유기인제 농약에 노출되면 구역, 구토, 복통이 생기며 동공이 축소되고 땀, 눈물, 가래, 기침, 소변, 대변 등 분비물이 증가하며 저혈압, 호흡곤란, 근력 저하, 불안, 떨림, 혼수 등의 증상이 생길 수 있다. 유기인제 농약 노출 시 응급실에서 수액, 산소, 인공호흡 치료와 함께 아트로핀, PAM(2-Pyridine Aldoxime Methiodise, palidoxime) 등의 약물 치료를 수행한다.

3) 카바메이트계(carbamate)

: 콜린에스테레이스(cholinesterase)를 가역적으로 차단하는 농약으로 알디카브(aldicarb, temik), 카보퓨란(carbofuran), 메토밀(methomyl) 등이 있다. 카바메이트계 농약에 노출되면 유기인제와 비슷한 증상이 생기며 암이 유발될 수 있다.

4) 페녹시계 제초제(phenoxy herbicide)

: MCPA가 대표적인 페녹시계 농약이다. 페녹시계 농약 노출 시

눈, 피부, 인두, 호흡기, 소화기 자극 증상이 생기며 근육통, 간비대, 고혈압, 불면, 과민, 감각 이상, 대사 이상, 혼수 등이 생길 수 있다.

5) 비피리딜계(bipyridyl)

: 파라콰트(paraquat)가 대표적인 비피리딜계 농약이다. 과거 '그라목손(gramoxone)'이라는 상품명으로 판매된 적 있는, 인체에 가장 치명적인 초록색 농약이다. 그라목손이 인체에 흡수되면 산소 분자와 반응해 과산화기 발생하여 세포막을 손상시킨다. 그라목손에 노출되면 호흡곤란과 폐부종이 발생하는데 급성 응급실 치료로 잠시 증상이 호전될 수 있지만 대부분 3일에서 2주 후 폐 섬유화가 발생해 사망한다. 또한 해독제가 없어 되돌릴 수 없기 때문에 실수나 자살 시도로 그라목손은 생각도 하지 않는 것이 좋다.

우리나라는 농약관리법에 의거하여 농약 안전관리 제도를 운영하고 있다. 이를 통해 농약 제조, 수입, 원제, 판매업, 품목 등록, 위해성 농약 등이 관리되며 농약 허용기준 강화제도(Positive List System, PLS)도 운영되고 있다. 농약 허용기준 강화제도는 농약으로 인한 농업인의 피해를 예방하기 위해 등록되지 않은 농약 사용을 금지하고 작물별로 등록된 농약을 사용하고 안전사용 기준을 지키도록 유도한다. 농약 안전사용기준을 위반한 경우 잔류 허용기준이 일률기준인 0.01ppm으로 적용된다. 자세한 농약 정보는 농촌진흥청 농약안전정보시스템을 통해 검색해 볼 수 있다.[228]

---

228) 농촌진흥청 농약안전정보시스템: 농약 검색.

농약이 피부에 묻은 경우 옷을 벗고 비눗물로 2~3회 충분히 씻고 흐르는 물로 충분히 세척해야 한다. 농약이 묻은 옷은 따로 세척한다. 농약을 음료수로 착각해 마신 경우 즉시 119에 신고해 응급실로 방문하고 위세척, 수액, 인공호흡, 수혈, 해독제 치료 등을 받을 필요가 있다. 농약에 의한 건강 장해를 예방하기 위해 농약을 뿌릴 때 적합한 보호구를 착용하고 바람을 등지고 뿌려야 한다. 또한 하루 3시간 이상 농약 살포 작업을 하지 않는 것이 좋다. 일반인들도 농산물을 먹을 때는 농산물을 흐르는 물에 충분히 세척한 후 먹는 것이 좋다.

20. 나이롱환자의 산재 보험금 부정 수급

척수 손상으로 하반신 마비 판정을 받고 휠체어를 타며 산재 보험금을 수령 받고 있던 근로자가 눈에 잘 띄지 않는 곳에서 벌떡 일어나 걷는 모습이 적발되었다.[229] 어느 병원의 한 사무직 직원은 일하다 넘어져 다친 것으로 허위로 산재 신청을 하고 5,000만 원 이상의 산재 요양급여를 받고 있다가 적발되었다. 오토바이를 타다 넘어져 1,000만 원 이상의 산재 보험금을 받아 온 배달원은 업무와 관계없이 음주 운전을 하다가 사고가 났던 것으로 들통이 났다.

최근 5년 동안 업무상 사고로 산재 신청을 한 근로자는 41% 증가하였고 업무상 질병으로 산재 신청을 한 근로자는 147% 증가하였다. 고용노동부가 조사한 총 178건 중 117건(55.6%)이 산재 부정수급으로 적발되었고 적발 금액은 무려 60억 3,100만 원이나 된다고 한다.[230] 부정 수급자들은 형사 고발되었고 부정 수급액의 2배를 배상하게 된다.

---

229) "집에서 다쳐놓고… 산재 보험금 5000만 원 챙긴 병원 직원", 곽용희 기자, 한국경제, 2023년 12월 20일.
230) "산재보험 부정수급 사례 다수 적발", 김연균 기자, 정보통신신문, 2023년 12월 20일.

2023년 10월 국회 환경노동위원회 국정 감사 결과 산재로 인해 6개월 이상 장기 요양을 하고 있는 근로자는 전체 산재의 47.6%에 달했고 1년 이상 장기 요양을 받고 있는 근로자도 28.5%나 된다. 산재로 승인 받고 요양 기간이 만료될 즈음 진료 연장을 신청하면 99% 승인되었다고 한다. 업무상 질병으로 인한 산재 보상액 평균은 2,280만 원으로 일반적인 사고 보상액인 1,520만 원과 비교해 1.5배 높다. 산재로 승인받은 근로자는 적극적인 치료와 재활을 통해 업무로 복귀하지 않고 장기 요양 신청만 하면 일하지 않고도 계속 돈을 받을 수 있는 것이다. 실제로 산재 승인을 받기 위해 20~30개의 질병을 한꺼번에 신청하는 근로자도 있다.[231]

산재 보험 제도는 성실히 일하다 다치거나 질병이 생긴 근로자의 치료와 재활을 도와 빠른 시일 내에 직장으로 복귀할 수 있도록 돕는 것이 목적이다. 그런데 산재 보험금 부정 수급을 위한 산재 카르텔이 존재하는 것으로 보인다. 고용노동부는 나이롱환자를 뿌리 뽑겠다고 발표했다. 근로복지공단은 **산재 보험 부정 수급 신고**를 받고 있다. 부정 수급 공인 신고자는 부당하게 지급된 금액에 따라 최고 3,000만 원의 포상금을 받을 수 있다.

산업안전보건법은 사업주에게 근로자의 안전과 건강을 위한 많은 일을 강제한다. 중대재해 처벌법은 사업주에게 이런 조치를 취하지

---

231) "속칭 나일롱 산재환자 뿌리 뽑는다", 고용노동부 보도자료, 2023년 12월 20일.

않아 발생하는 사고에 대한 책임을 묻는다. 근로자 역시 자신의 안전과 건강을 위한 책임을 다해야 한다. 매일 아침 출근길에 무단횡단을 하는 사람들을 본다. 아무리 좋은 도로와 도로법을 만들어 놓아도 보행자가 무단횡단을 해 버리면 사고가 날 수 있다. 그리고 사고가 나면 다치는 것은 보행자 자신이다. 우리 모두 적어도 법은 지켜야 한다.

참고 문헌

1. 직업환경의학 및 법 관련 교재

- 강동묵 외. 직무스트레스의 현대적 이해 2판 부분개정. 고려의학, 2016.
- 김영림, 윤예림. 사회보장법. KNOU PRESS, 2020.
- 대한예방의학회. 예방의학과 공중보건학 수정판. 계축문화사, 2012.
- 대한직업환경의학외래협의회. 업무적합성 평가의 원칙과 실제. 범문에듀케이션, 2016.
- 대한직업환경의학회. 직업환경의학 개정판. 계축문화사, 2022.
- 대한직업환경의학회. 직업환경의학. 계축문화사, 2014.
- 이민열, 김도균. 헌법논증이론. KNOU PRESS, 2021.
- 이상영, 김도균. 법철학. KNOU PRESS, 2011.
- 최창률. 산업안전기사. 에듀윌, 2021.
- Joseph LaDou, Robert Harrison. *CURRENT Occupational and Environmental Medicine 5/E 5th Edition*. LANGE, 2014.
- Leon Gordis, 한국역학회 옮김. 역학(*Epidemiology forth edition*). E*PUBLIC, 2009.
- Rothman, Kenneth J., 김정원 번역. 현대역학 입문(*Epidemiology: An introduction*). 범문에듀케이션, 2018.

2. 논문

- 강동묵. "석면방직공장과 인근지역에서 발생한 직업성 및 환경성 석면 질환 사례." *J Korean Med Assoc*, 2009.
- 고성범. "파킨슨병의 진단과 치료.", 가정의학회지, 2003.

- 권순찬. "산재보험 미적용자의 직업병의 보상절차: 공무원, 사립학교 교직원, 군인, 어선원, 농업인." *JSMS*, 2018.
- 권혁창. "사학연금 재해보상제도 개선에 관한 연구: 공무원 재해보상제도 및 산재보험제도와의 비교를 중심으로." 사회보장연구, 2021.
- 김규상. "소음 노출로 인한 업무 관련성이 높은 직업성 난청 사례." *Audiology*, 청능재활, 2011.
- 김수근. "업무상 반월상 연골파열." 직업성 근골격계질환9
- 김형태. "거대 성대결절 1례." *Korean J Otolaryngol*, 1998.
- 박시운. "노인 자동차 운전자들의 운전 실태, 운전 습관 및 안전성." 대한재활의학회지, 2010.
- 박준혁. "한국의 우울증 역학에 대한 고찰." *J Korean Med Assoc*, 2011.
- 박홍연. "산업재해보상보험의 성격과 제한에 관한 판례연구." 법과기업연구, 2017.
- 신진영. "일차 진료에서의 우울증." *KJFP*, 2020.
- 심수연. "요추 유리 추간판의 자기공명영상 소견: 탈출 추간판과의 감별진단." 대한영상의학회지, 2007.
- 안지영. "일산화탄소 중독 환자의 임상적 고찰." 대한응급의학회지, 2003.
- 염병수. "사상사고 경험 철도기관사의 외상 후 스트레스 장애 증상에 관한 연구." 박사학위, 연세대학교 대학원 보건학과, 2007.
- 오소연. "검사 결과의 해석과 임상적 활용, 종양표지자." 대한내과학회 춘계학술대회, 2018년
- 이상윤. "작업장 누적소음 노출과 혈압과의 관련성." 대한산업의학회지, 2001.
- 이성배. "퇴직근로자의 혈장 중 납 농도와 생체지표간의 상관성 분석." *Korean Industrial Health Association*.
- 이재명. "흰쥐에서 망간의 투여 용량에 따른 뇌 자기공명영상과 병리조직학적 변화." 대한산업의학회지, 2009.
- 임현술. "미국 퇴역군인과 건강장해에 관한 역학조사." 한국역학회지, 2001.

- 정종도. "장시간의 전신진동, 부적절한 작업자세와 관련된 경추부 추간판탈출증." 대한산업의학회지, 2009.
- 장준동. "대퇴골두무혈성괴사의 원인 및 병리기전." 대한고관절학회지, 2006.
- 최정윤. "급성일산화탄소중독 환자의 동맥혈가스분석." 대한내과학회잡지, 1988.
- 최종순. "고엽제에 노출된 월남참전 군인에서 발생한 피부 질환." 가정의학회지, 2005.
- Ab Latif WANI. "Lead toxicity: a review." *Interdisciplinary Toxicology*, 2015.
- Amin S. "Occupation-related squatting, kneeling, and heavy lifting and the knee joint: a magnetic resonance imaging-based study in men." *J Rheumatol*, 2008.
- Aritraa Lahiri. "Lung cancer immunotherapy: progress, pitfalls, and promises." *Molecular Cancer*, 2023.
- C. A. Davie. "A review of Parkinson's disease." *British Medical Bulletin*, 2008.
- Chunyan Wang. "Cooking fumes and relative diseases." *Advances in Biological Sciencse Research*, 2016.
- Daehwan Kim. "Nickel dust-induced occupational contact dermatitis by welding and grinding work in shipyard workers: a report of nine cases." *Ann Occup Environ Med*, 2022.
- Daniela de Vasconcelos. "Prostate cancer review: Genetics, diagnosis, treatment options, and alternative approaches." *Molecules*, 2022.
- Daniela de Vasconcelos. "Vocal fold polyps: Literature Review." *Int Arch Otorhinolaryngol*, 2019.
- David F. Fardon. "Lumbar disc nomenclature: version 2.0, Recommendations of the combined task forces of the North American Spine Society, the American Society of Spine Radiology and

the American Society of Neuroradiology." *The Spine Journal*, 2014.
- David L Sackett. "Evidence based medicine: what it is and what it isn't." *BMJ*, 1996.
- Fred A. Manuele. "Reviewing Heinrich: Dislodging two myths from the practice of safety." *Professional Safety*, 2011.
- Gunnar F Nordberg. "Biomarkers of exposure, effects and susceptibility in humans and their application in studies of interactions among metals in China." *Toxicol Lett*, 2010.
- Hayes RB. "Benzene and the dose-related incidence of hematologic neoplams in China." *J Natl Cancer Inst*, 1997.
- Hye-Eun Lee. "The relationship between night work and breast cancer" *AOEM*, 2018.
- Hyun-Jun Kim, "Carbon monoxide poisoning-induced cardiomyopathy from charcoal at a barbecue restaurant: a case report." *AOEM*, 2015.
- Jessica Frey. "Past, present, and future of deep brain stimulation: Hardware, software, imaging, physiology and novel Approaches." *Frontiers in Neurology*, 2022.
- Jong Suk Lee. "A case of occupational asthma in plastic injection process worker." *AOEM*, 2013.
- Joseph Jankovic. "Parkinson's disease: etiopathogenesis and treatment." *Neurol Neurosurg Psychiatry*, 2020.
- Mika Kivimäki. "Long working hours and risk of coronary heart disease and stroke: a systematic review and meta-analysis of published and unpublished data for 603,838 individuals." *Lancet*, 2015.
- Michael S. Morgan. "The biological exposure indices: A key component in protecting workers from toxic chemicals." *Environ-*

mental Health Perspectives, 1997.
- M Kogevinas. "Occupational asthma in Europe and other industrialised areas: a population-based study. European Community Respiratory Health Survey Study Group." *Lancet*, 1999.
- McMillan G., "Osteoarthritis and meniscus disorders of the knee as occupational diseases of miners." *Occup Environ Med*, 2005.
- Sangyun Seo. "An aggravated return-to-work case of organic solvent induced chronic toxic encephalopathy." *AOEM*, 2018.
- Sathiakumar Nalini. "A case-control study of leukemia among petroleum workers." *JOEM*, 1995.
- Stephen Petis. "Surgical approach in primary total hip arthroplasty: anatomy, technique and clinical outcomes." *Indian Journal of Orthopaedics*, 2017.
- Sunwook Park. "Ovarian cancer in a former asbestos textile factory worker: a case report." *AOEM*, 2018.
- Sung-Shil Lim. "Depressive symptoms among dance artists in South Korea: balance between self- and social identity on job value." *Ann Occup Enrion Med*, 2019.
- Sungwon Choi. "Review of reactive depression and endogenous depression concepts." *Korean Journal of Clinical Psychology*, 2018.
- Yangho Kim. "Toxic Encephalopathy." *Saf Health Work*, 2012.
- Yangwoo Kim. "Parkinson's disease in a worker exposed to insecticides at a greenhouse." *AOEM*, 2021.
- Yoojun Song. "High lead exposure in two leaded bronze ingot foundry workers." *AOEM*, 2014.
- Vincent Piras. "Is central dogma a global property of cellular information flow?" *Frontiers in Physoilogy*, 2012.

- Vincent Piras. "Osteonecrosis of the femoral head: an updated review of ARCO on pathogenesis, staging ang treatment." *J Koran Med Sci*, 2021

3. 보고서

- 국가건강검지사업 평가. 국가예산정책처, 2021.
- 과로로 인한 한국 사회 질병부담과 대응 방안. 한국보건사회연구원, 2018.
- 과로사(과로자살) 예방을 위한 정책 연구(2). 산업안전보건공단, 2018.
- 농약 안전실태 조사(2009년 5월), 소비자안전본부 생활안전팀: 직업병심의위원회에서 토의한 업무상 질병 사례(2002년 하반기). 산업안전보건공단, 2009.
- 보건관리전문기관 현황(23.11.28.). 고용노동부 산업보건기준과, 2023.
- 벤젠의 과거노출추정(JEM) 연구. 산업안전보건공단, 2013.
- 업종별 위험성평가 모델: 전기도금업. 산업안전보건공단, 2013.
- 운수업 근로자의 유해요인 노출실태 및 건강관리방안 개발을 위한 연구. 산업안전보건공단, 2001.
- 작업환경측정기관 현황(23.3.15.). 고용노동부 산업보건기준과, 2023.
- 조리시 발생하는 공기 중 유해물질과 호흡기 건강영향: 학교 급식 종사자를 중심으로. 산업안전보건공단, 2019.
- 주 52시간 근무제도 도입이 고용과 기업 성과에 미친 영향. 한국조세재정연구원, 2021.
- 직무특성에 따른 근골격계질환 발생과 보건관리체계에 관한 연구: 사업장 내 여성 및 남성의 직무특성을 대비하여. 산업안전보건공단, 2001.
- 특수건강진단기관 현황(23.2.14.). 고용노동부 산업보건기준과, 2023.
- 화학물질 유통 사용 실태조사 결과보고서: 디이소시아네이트. 산업안전보건공단, 2009.
- 현장 작업자를 위한 보호구의 종류와 사용법. 산업안전보건공단, 2013.
- *2018, 2019년도 직업병 진단 사례집*. 산업안전보건공단, 2019.

- 2022년 산업재해 현황 분석. 고용노동부 산업안전보건본부 산업안전보건정책과, 2022.
- 2022 자살 예방백서. 보건복지부, 한국생명존중희망재단, 2022.
- 2023 국가 암등록통계사업 안내. 보건복지부, 2023.
- List of classifications by cancer sites with sufficient or limited evidence in humans. IARC Monographs Volumes 1-132a.

4. 지침(가이드라인)

- 감정노동 종사자 건강보호 가이드. 고용노동부, 산업안전보건공단.
- 감정노동에 따른 직무스트레스 예방 지침. KOSHA GUIDE H-24-2011.
- 근골격계부담작업 유해요인조사 지침. KOSHA GUIDE H-9-2018.
- 근골격계질병 업무상 질병 조사 및 판정 지침(제2021-04). 근로복지공단.
- 근로자의 자살 및 우울증 예방을 위한 사업장 지침. KOSHA GUIDE H-37-2021.
- 뇌혈관질병, 심장질병 업무상 질병 조사 및 판정 지침. 근로복지공단, 지침번호 제2021-03호.
- 납과 그 무기화합물 노출 근로자의 건강관리지침. KOSHA GUIDE H-134-202.
- 망간 노출 근로자의 건강관리지침. KOSHA GUIDE H-136-2021.
- 물질안전보건자료 작성 지침. KOSHA GUIDE W-15-2020.
- 밀폐공간 질식재해예방 안전작업 가이드. 고용노동부, 산업안전보건공단.
- 사업장 근로자의 업무 관련성평가 기본지침. KOSHA GUIDE H-194-2021.
- 산업환기설비에 관한 기술지침. KOSHA GUIDE W-1-2019.
- 생물학적 노출지표 검사시료 채취 지침. KOSHA GUIDE H-216-2022.
- 야간작업 특수건강진단 주요 개정내용 해설 및 지침, 고용노동부 산재예방보상정책국 산업보건과, 2013.
- 업무상질병판정 매뉴얼. 근로복지공단. 2021.

- 운전직 근로자의 업무적합성평가 기술지침. KOSHA GUIDE H-222-2023.
- 일산화탄소의 생물학적 노출지표물질 분석에 관한 기술지침. KOSHA GUIDE H-99-2021.
- 일차 의료용 근거기반 우울증 권고 요약본. 대한의학회, 질병관리청.
- 작업장에서의 소음측정 및 평가방법. KOSHA GUIDE W-23-2016.
- 접촉피부염의 작업 관련성 평가 지침. KOSHA GUIDE H-130-2021.
- 조리직종 근로자의 건강장해 예방에 관한 지침. KOSHA GUIDE H-26-2020.
- 직무스트레스요인 측정 지침. KOSHA GUIDE H-67-2022.
- 직업건강 가이드라인: 근로자 자살 예방. 산업안전보건공단.
- 직업건강 가이드라인: 철도 기관사. 산업안전보건공단.
- 직업성 암 업무상질병 업무처리요령. 근로복지공단. 2019년 2월 28일.
- 직업성 암의 업무 관련성 평가 지침. KOSHA GUIDE H-48-2020.
- 직장 내 괴롭힘 판단 및 예방 대응 매뉴얼. 고용노동부.
- 천식을 진단받은 근로자의 업무적합성 평가 지침. KOSHA GUIDE H-46-2021.
- 청력보호구의 착용방법 및 관리에 관한 지침. KOSHA GUIDE H-160-2014.
- 학교 급식실 근로자의 안전보건에 관한 기술지침. KOSHA GUIDE G-59-2012.
- 50인 미만 중소기업을 위한 안전보건관리체계 구축 가이드: 도금업. 고용노동부, 산업안전보건공단.
- 2022 5차 개정 천식 진료지침. 대한결핵 및 호흡기학회.

5. 관련 기관 홈페이지

- 공무원연금공단 재해보상
  (https://www.geps.or.kr/bizInformationaccidentCompensationcompSummary)
- 국가보훈부 홈페이지: 고엽제 후유(의)증

(https://www.mpva.go.kr/mpva/contents.do?key=128)

- 국가암정보센터: 국민 암예방 수칙
  (https://www.cancer.go.kr/lay1/S1T200C203/contents.do)

- 근로복지공단 산재지정 의료기관 찾기
  (https://www.comwel.or.kr/comwel/medi/orsc.jsp)

- 근로복지공단 업무상질병판정위원회
  (https://www.comwel.or.kr/comwel/intr/srch/srchdiz.jsp)

- 근로복지넷 홈페이지: EAP 서비스
  (https://welfare.comwel.or.kr/default/page.do?mCode=D010010010)

- 농촌진흥청 농약안전정보시스템: 농약 검색
  (https://psis.rda.go.kr/psis/agc/res/agchmRegistStusLst.ps?menuId=PS00263)

- 대한직업환경의학회(https://ksoem.or.kr/)

- 산업안전보건공단 건강디딤돌
  (https://www.kosha.or.kr/kosha/business/costSupporta.do)

- 산업안전보건공단 근로자건강센터
  (https://www.kosha.or.kr/kosha/business/healthcenter.do)

- 산업안전보건공단: 뇌심혈관 고위험 노동자 심층건강진단 비용지원
  (https://www.kosha.or.kr/kosha/business/overworkintro.do)

- 산업안보건공단 산업안전보건인증원
  (https://miis.kosha.or.kr/oshci/busi/viewProtectionInfo.do)

- 산업안전보건공단 MSDS 검색
  (https://msds.kosha.or.kr/MSDSInfo/kcic/msdssearchMsds.do)

- 서울특별시 서울의료원 홈페이지: 권역응급의료센터 고압산소치료
  (https://www.seoulmc.or.kr/pms/contents/contents.do?sitecdv=S0000100&contseqn=1609&decorator=pmsweb&isSpecialzedCenter=Y&menucdv=01020205&departmentCode=HEMC)

- 석면피해구제시스템(https://www.adrc.or.kr/user/main.do)

- 직업병안심센터(https://www.kodsc.org/)

- 환경부 환경통계포털: 보이지 않는 불청객, 환경소음 이야기
  (https://stat.me.go.kr/portal/stat/meinfo/statPolicyDtlPage.do?bbsCd=POLICY&seq=7001334)

6. 책

- 김승섭, 아픔이 길이 되려면, 동아시아, 2017.
- 민영일, 복통의 진단학 개정판, 일조각, 2009.
- 박선욱, 플라스틱을 갈아 마시면 무슨 맛일까?: 미세 플라스틱의 건강장해, 지식과감성, 2022.
- 안병은, 마음이 아파도 아프다고 말할 수 있는 세상, 한길사, 2020.
- 이혜정, 대한민국의 시험: 대한민국을 바꾸는 교육 혁명의 시작, 다산4.0, 2017.
- 한국노동안전보건연구소 기획, 굴뚝 속으로 들어간 의사들(일하다 죽는 사회에 맞서는 직업병 추적기), 나름북스, 2017.
- 홍윤철, 질병의 탄생: 우리는 왜, 어떻게 질병에 걸리는가, 사이, 2014.
- Johann Hari, 김하연 옮김, 도둑맞은 집중력, 어크로스, 2023.
- Karen Messing, 김인아 외 번역, 보이지 않는 고통(pain and prejudice), 동녘, 2017.
- Mark Buchanan, 사회적 원자, 사이언스북스, 2010.

7. 교육 자료, 보도자료, 기사, 뉴스

- 곽용희. "집에서 다쳐놓고… 산재 보험금 5000만 원 챙긴 병원 직원" 한국경제. 2023년 12월 20일. https://www.hankyung.com/article/2023122003511.
- 김연균. "산재보험 부정수급 사례 다수 적발" 정보통신신문. 2023년 12월 20일. https://www.koit.co.kr/news/articleView.html?idxno=119328.
- 김영숙. "폐암 환자 살펴보니 직접 흡연자 70%-간접 흡연 11%대" 의협신문. 2021년 5월 31일. https://www.doctorsnews.co.kr/news/articleView.html?idxno=139661.

- 박연정. "교육노동자는 산재보상의 사각지대" 교육희망. 2004년 4월 26일. https://news.eduhope.net/4036.
- 손준영. "교통사고 사망 4명중 1명, 고령 운전 사고" 동아일보. 2023년 3월 11일. https://www.donga.com/news/Society/article/all/20230310/118260488/1.
- 어고은. "학교급식실 노동자 10명 중 3명 폐 이상 소견" 매일노동뉴스. 2023년 3월 15일. https://www.labortoday.co.kr/news/articleView.html?idxno=213956.
- 윤종원. "성대결절, 여성과 교직원에서 다발" 병원신문. 2014년 6월 16일. https://khanews.com/news/articleView.html?idxno=102529.
- 정민혁. "직장인 정신질환 자살 산재자, 지난해 '역대 최다'였다" 안전신문. 2022년 6월 20일. https://www.safetynews.co.kr/news/articleView.html?idxno=213250.
- 최서영. "에탄올 vs 메탄올 무슨 차이일까?" 매경헬스. 2020년 5월 19일. https://www.mkhealth.co.kr/news/articleView.html?idxno=46164.
- 한현묵. "조리흄에 숨막히는 급식 종사자… 폐암 위험성 노출 심각" 세계일보. 2022년 11월 26일. https://www.segye.com/newsView/20221103518422.
- 홍윤지. "[판결] '중대재해법 위반 첫 기소' 두성산업 대표 징역 1년·집행유예 3년… 위헌신청은 기각" 법률신문. 2013년 12월 14일. https://www.lawtimes.co.kr/news/192832.
- "서울 아산병원 故 박선욱 간호사 업무상 질병 인정" 근로복지공단 보도자료. 2019년 3월 8일.
- "속칭 나일롱 산재환자 뿌리 뽑는다" 고용노동부 보도자료. 2023년 12월 20일. https://www.moel.go.kr/news/enews/report/enewsView.do?newsseq=15980.
- "요통, 근골격계질환 이렇게 예방하세요" 산업안전보건공단 보도자료. 2011년 4월 21일.
- "택시기사 절반이 60대 이상… 고령 운전기사 사고 급증" 연합뉴스. 2016년 11월 14일. https://www.yna.co.kr/view/AKR20161113043600064.
- 조을선. "'폐암 산재' 113명… 지하 급식실 현황은 파악도 못 했다" *SBS NEWS*. 2023년 10월 10일.

맺음말

코로나19, 미세 먼지, 미세 플라스틱과 같은 보건학적 문제들이 일상생활에 큰 영향을 주면서 일반 사람들이 질병 예방에 관심을 갖게 된 것은 참 고무적인 일이다. 질병의 원인은 매우 다양하고 복잡하지만 분명한 것은 유전과 환경에 큰 영향을 받아 병이 생긴다는 것이다. 인간은 조상들로부터 물려받은 유전 정보나 체질로 인해 어쩔 수 없이 병이 생기기도 하지만 여러 직업환경 속 유해인자에 노출되면서 질병이 생길 수 있다. 그런데 우리가 매일 접하고 있는 가공 식품, 술, 담배, 플라스틱 등은 과거 수렵 채집 시절의 인간 사회에는 존재하던 것들이 아니다. 직업 역시 마찬가지다. 이 책에 등장하는 택시, 크레인 운전, 철도 기관사, 용접, 에어컨 부품 세척, 실험, 도금, 프레스 업무 등은 산업화 이후 새로 생긴 직업들이다. 서울대학교 의과대학 예방의학과 홍윤철 교수님은 인간의 유전자가 적응하지 못할 정도로 사회가 빠르게 변한 탓에 현대의 질병이 탄생하였다고 말한다.[232] 자동차 연료통에 샴푸를 넣으면 엔진이 곧 고장 날 것이다. 그런데 인간은 원래 연료로 쓰던 것과는 매우 다른 물질을 매일 알게 모르게 자기 몸에 밀어 넣고 있다.[233]

---

232) 질병의 탄생, 홍윤철, 사이, 2014.
233) 도둑맞은 집중력, 요한 하리, 김하연 옮김, 어크로스, 2023.

질병의 원인을 탐구하는 기초 의학을 역학(epidemiology)[234]이라고 하며 여러 직업과 환경에서 사회적 관계에 의해 발생하는 질병을 연구하는 것을 사회 역학(social epidemiology)이라고 부른다. 곰곰이 생각해 보면 물리적 원자와 마찬가지로 사람도 그 사회의 패턴을 따르는 일종의 사회적 원자이다.[235] 이 책에서 여러 번 언급되는 질병의 업무관련성과 관련된 인과성 개념은 김정원 교수님의 현대역학 입문에 잘 정리되어 있다.[236] 대표적인 사회 역학자인 서울대학교 보건대학원 김승섭 교수님은 고통은 개인이 느끼지만 그 원인은 사회적이기에 이를 해부하고 치유하기 위한 사회적 관심과 노력이 필요하다고 말한다.[237] 실제로 세상에는 별의별 사람들이 별의별 일을 하면서 서로 얽히고설켜 있다. 타고난 체질과 생활하는 환경과 습관이 서로 다르기 때문에 질병의 근원을 추적하기는 매우 어려운 일이며 이 책에 등장하는 직업병 사례 역시 극히 일부일 뿐이다. 따라서 근로자들의 건강을 유지하고 직업병을 예방하기 위해서는 더 많은 연구와 노력이 필요하다.

중고등학교 시절, 나는 책을 좋아하지 않았다. 학교 선생님이 가르쳐 주시는 교과서 외에는 만화책조차도 읽지 않는 것을 자랑처럼 여

---

234) 역학(Epidemiology forth edition), Leon Gordis, 한국역학회 옮김, E*PUBLIC, p.3.
235) 사회적 원자, 마크 뷰캐넌, 사이언스북스, 2010.
236) Rothman, Kenneth J., 김정원 번역. 현대역학 입문(Epidemiology: An introduction). 범문에듀케이션, 2018.
237) 아픔이 길이 되려면, 김승섭, 동아시아, 2017.

겼다. 우리나라는 태어날 때부터 경쟁을 시작하고 입시를 위한 답이 정해져 있는 교육을 받는다.[238] 나 역시 학교 선생님의 말을 토씨 하나 틀리지 않고 잘 외우는 학생이었다. 그런데 실제 인생에는 정답이 없다. 더 좋은 답을 찾기 위해 서로 고민하고 노력할 뿐이다. 새로운 것을 배운다는 것은 고되지만 즐거운 일이다. 또한 전문직 종사자는 끊임없이 공부하고 정확한 정보를 제공해 줘야 할 사회적 의무가 있다. 모든 사람들이 건강하고 안전한 일터에서 행복하게 일할 수 있길 기도한다.

* 지도해 주신 김정원 교수님께 감사드립니다. 낳아 주시고 길러 주신 사랑하는 부모님 박우풍 박사님과 정숙자 선생님, 두 손주를 사랑으로 보살펴 주시는 장모님 황지원 여사님께 감사드립니다. 마지막으로 가장 사랑하는 지혜로운 아내 이혜지 선생님과 사랑하는 딸 지호 그리고 아들 주호에게 가장 큰 감사를 전합니다.

2024년 4월 5일
박선욱

---

238) 대한민국의 시험, 이혜정, 다산4.0, 2017.